WHY

하나님의 뜻을 헤아리는 믿음

한국장로교출판사

Why?
MAKING SENSE OF GOD'S WILL

English Edition ⓒ 2011, 2018 by ADAM HAMILTON
First Edition ⓒ 2011, 2018 by Abingdon Press
Korean Edition ⓒ 2019 by Publishing House The Presbyterian Church of Korea, Seoul, Republic of Korea

All rights reserved. No part of this book may be reproduced or transmitted in any form or by any means, electronic or mechanical, including photocopying, recording, or by any information storage or retrieval system, without permission in writing from the publisher

하나님의 뜻을 묻는 당신에게

차 례

글머리에 6

제1장
왜 무죄한 사람이 고난을 받는가? 8

제2장
왜 내 기도는 응답되지 않는가? 44

제3장
왜 나는 내 인생에 대한 하나님의 뜻을 알지 못하는가? 76

제4장
왜 결국 하나님의 사랑이 승리하는가? 102

옮긴이의 말 132

글머리에 }

2011년에 이 책이 처음 출판된 후 15만 명이 넘는 분들이 함께 읽었습니다. 그 당시 아이티와 뉴질랜드에서는 끔찍한 대지진이 있었고, 지진으로 발생한 쓰나미가 일본을 덮쳤습니다. 그밖에도 세계 각지에서 테러 행위들이 잇달아 일어났습니다. 물론 이러한 일들 말고도 우리는 갖가지 종류의 피해를 입기도 하고 어려움을 겪기도 합니다.

목회자인 저는 교인들과 상담을 자주 하는데, 그중에는 신앙에 관한 궁금증을 가지신 분들이나 믿음을 가지기 힘들어하시는 분들도 계시고, 기독교 신앙에 대해서는 완전히 낯선 분들과도 대화를 하게 됩니다. 그럴 때면 으레 "하나님이 사랑이 많으시고 전지전능하신 분이라면 왜 이렇게 악한 일들이 일어나도록 허용하실까요?"와 같은 물음들과 자주 마주치게 됩니다.

저는 이 길지 않은 책을 쓰면서 그러한 질문과 더불어 고난과 중보기도, 그리고 '성경에서의 하나님의 뜻'이 무엇을 말하는지를 생각하는 방법을 나누고 싶었습니다. 거기에 이 책이 앉은 자리에서 다 읽을 수 있을 정도로 짧고 쉬워서 친구들과 대화를 나누기에 불편하지 않는 방식이 되기를 원했습니다.

이 책이 처음 출판되었을 때보다 지금 세상이 더 안전해졌고, 비극은 줄어들었으며, 자연재해도 적어졌으므로 고난도 줄었다고 말할 수 있으면 좋으련만, 그렇지 못한 것이 사실입니다. 그러기에 이 작은 책이 그 어느 때보다 더 필요해진 것 같습니다.

우리 삶에 끊임없이 일어나는 "왜?"라는 질문과 씨름할 때에 이 책이 도움이 되었으면 좋겠습니다. 그리하여 결국에는 하나님의 선하심과 그분의 사랑이 이긴다는 믿음이, 그리고 하나님에 대한 신뢰가 더 크고 깊어졌으면 좋겠습니다.

아담 해밀턴

제1장

왜
무죄한
사람이
고난을
받는가

WHY
무죄한
사람이
고난을
받는가

하나님이 자기 형상 곧 하나님의 형상대로 사람을 창조하시되 남자와 여자를 창조하시고 하나님이 그들에게 복을 주시며 하나님이 그들에게 이르시되 생육하고 번성하여 땅에 충만하라, 땅을 정복하라, 바다의 물고기와 하늘의 새와 땅에 움직이는 모든 생물을 다스리라 하시니라

창세기 1장 27~28절

한 여인이 공항에서 어느 가난한 나라에 몰아닥친 자연재해 뉴스를 시청하고 있다. 화면에서는 카메라맨들이 비극의 현장을 비추고, 기자는 얼마나 많은 생명이 목숨을 잃었는지에 대해 보도한다. 뉴스를 보고 있던 여인은 격양된 어투로 아무에게도 말하지 않지만 주변사람들이 다 들을 만큼의 큰 소리로 말한다. "쯧쯧, 이런 일이 일어나는데 어떻게 하나님을 믿을 수 있겠어? 하나님이 너무하시는 거 아냐?"

2008년 미국의 금융위기로 모든 것을 잃은 한 남자는 고통스러운 마음을 부여잡고 하늘을 향하여 이렇게 소리쳤다. "왜 하나님은 저에게 이런 벌을 내리시나요? 저는 기도했고, 교회에도 나갔고, 다른 사람들을 위해 자원봉사도 했는데 모든 것을 다 잃었습니다. 제가 뭘 그렇게 잘못했기에 이런 일을 당하게 하신 것인지 알고 싶습니다."

남편을 잃고 어린 두 아이와 남겨진 한 젊은 여성이 혼란에 빠져 내게 이런 고백을 했다. 주변에서는 남편의 죽음이 '하나님의 뜻'이라는 사실에 위로를 얻으라고 조언하지만, 자신은 오히려 그 말 때문에 하나님에게 더 화가 난다고 했다.

고난, 응답받지 못한 기도들, 인생의 갖가지 불공평함 등은 자연스럽게 우리가 하나님의 선하심에 의문을 품게 만들고,

때로는 하나님의 존재 자체에 대해서도 의심하게 한다. 무신론자에게 왜 하나님을 믿지 않느냐고 물어보면, 십중팔구 그들의 대답 안에는 위와 같은 내용이 들어 있을 것이다. 그리고 신앙 경력이 오래된 그리스도인에게 동일한 질문을 던지면 그들은 자신도 인생을 살면서 그와 비슷한 의문들과 씨름했다는 답을 한다.

질문은 으레 이런 식이다.

"만약 하나님이 사랑이 많으시고 공의로우시다면, 그분은 전능하지는 않으심이 틀림없다. 그렇지 않고 하나님이 전능하시다면, 그분은 사랑이 없거나 공의롭지 않으심이 틀림없다."

그들의 전제는 하나님이 전능하시면서 사랑과 공의도 넘치신다면 하나님은 이 세상에서 악과 고통, 그리고 고난을 그치게 하신다는 것이다. 신학자들은 이 당혹스런 문제를 풀기 위한 시도에 이름을 붙였는데, 그것을 '하나님과 정의'라는 그리스어에서 따서 'theodicy'(신정론, 神政論)라고 부른다.

나는 25년 동안 목회를 하면서 이런 질문에 갇혀 있는 사람들을 돕는 데에 많은 시간을 보냈다. 그것은 각자가 경험한 하나님에 대해, 그리고 세상에 전하는 하나님의 사역을 돌아보게 하고, 개인의 가정을 점검하게 하였으며, 성경의 저자들과 주요 인물들은 그러한 문제들을 가지고 어떻게 씨름하였는지,

궁극적으로 성경이 그 질문에 어떤 답을 하는지 알도록 도와주는 작업이었다.

그래서 먼저 이러한 문제들을 이야기해 보려 한다. 물론 얼마 안 되는 지면으로 완전한 해답을 얻을 수는 없겠지만, 나로서는 당신 스스로 질문의 답을 찾는 데에 이 책이 도움이 되기를 간절히 바란다.

성경은 우리가 고난을 비껴 간다고 했다?

우리가 고초를 겪거나 비극을 당하거나 혹은 불의로 인한 고난을 받게 될 때에 하나님에 대해 실망하게 되는 이유는 대개 하나님이 이 세상에서 이러저러하게 역사하셔야 한다는 우리의 가정에 그 뿌리를 두고 있다. 그러다 하나님이 우리의 기대에 부응하지 않으실 때 크게 실망하고 혼란스러워하거나 하나님의 선하심과 고난을 어떻게든 조화시켜 보려 할 것이다. 그러나 그런 시도 이전에 먼저, 자주 제기되지만 우리가 오해하고 있는 두 가지 가정을 살펴보려 한다.

첫 번째 오해는 "하나님을 믿고 선한 사람이 되려고 노력한다면 하나님은 나를 돌보시고 축복하셔서 어떤 나쁜 일도 내게 일어나지 않도록 막아 주시리라는 믿음을 성경이 가르치고 있다"는 것이다. 한때 나도 성경에 대한 이런 가정을 받아들였다. 이런 잘못된 믿음으로 인해 나는 안 좋은 일(부모님의 이혼, 집의 화재, 친한 친구 두 명의 사고사 등)이 생겼을 때마다 내가 뭔가 잘못했기 때문에 하나님이 나를 벌하시는 것인가, 아니면 하나님에 대한 믿음 자체가 약하기 때문인가, 어쩌면 하나님이 실제로는 존재하시지 않는 것인가 하는 의심의 혼란에 빠졌었다.

그러나 실제로 성경을 읽기 시작하면서 성경의 가르침에 관해 내가 가지고 있던 가정들이 틀리다는 것을 깨달았다. 믿는 자와 선한 일을 행하는 자는 고난을 피해 갈 것이라는 약속이 성경의 주된 메시지는 아니라는 것이다. 오히려 성경은 대체로 고난을 당했을 때조차 믿음을 저버리지 않았던 사람들에 관한 책이었다.

구약에서 크게 고난을 받았던 사람들의 몇 가지 예를 보자.

야곱의 아들인 요셉은 형들에 의해 노예로 팔려 갔다. 이스라엘 민족은 이집트에서 400년 동안이나 압제를 받았다. 모세는 하나님의 일을 하면서도 때로는 너무나 힘들어서 차라리 죽여 달라는 기도를 했다. 사울은 청년 다윗을 살해하려는 시도를 몇 년 동안 계속했다(그 기간 동안 다윗은 성경의 '불평 시편'을 많이 썼다). 욥기는 아예 전체가 끔찍한 고통을 받으면서도 자신의 믿음을 포기하기를 거부했던 선한 사람에 대한 이야기이다.

선지서들도 마찬가지이다. 그들은 자기 자신의 고난이나 이스라엘 민족의 고난에 대해 하나님께 토로했던 불평조차 성경에 포함시켰다. 예레미야애가는 예루살렘의 파괴 이후에 바벨론 군대가 성을 점령하고 그들을 포로로 잡아갔을 때에 쓰였다. 사드락, 메삭, 아벳느고는 활활 타는 풀무불에 던져졌고, 다니엘은 사자 우리에 갇혔다. 이 모든 일들을 통해서 구약이 전하는 것은 고난을 맞이한 사람들의 이야기가 시편 73편을 쓴 저자의 주장과 같다는 것이다. "내 육체와 마음은 쇠약하나 하나님은 내 마음의 반석이시요 영원한 분깃이시라······ 내가 주 여호와를 나의 피난처로 삼아 주의 모든 행적을 전파하리이다"(26, 28절).

신약의 중간쯤에는 매 맞고 모욕당하고 마침내는 십자가에 못 박힌 한 남자의 이야기가 있다. 그의 첫 제자들은 거의 모두가 자신의 믿음 때문에 죽음을 맞이한다. 믿는 자들에게 복된 삶을 약속하는 것과는 거리가 멀게도 그는 자신의 제자들에게 박해와 고난과 아픔이 있을 것이라고 말한다. 그것도 그들의 믿음으로 인해서 말이다. 신약의 대부분을 쓴 사도 바울은 체포되어 매를 맞고 갖은 폭행을 당하다가 결국에는 로마 사람들에 의해 사형을 당한다. 성경은 결코 하나님을 따르는 사람들이 복된 삶을 살 것이라고 가르치지 않는다. 오히려 고난에도 불구하고 하나님을 의뢰하기로 한 완강한 믿음을 묘사한다. 그리고 그들은 고난 속에서 위로와 강인함과 소망을 발견한다.

모든 것에는 이유가 있다?

앞에서 성경이 하나님을 믿으면 이생의 안전과 건강 그리고 부를 누릴 것이라는 약속을 하고 있지 않다는 것을 인지했다면, 이제는 오늘날 그리스도인들이 공통적으로 가지고 있는 두 번째 오해를 풀어 보자. 그리스도인들은 고난의 한가운데를 통과하고 있는 친구에게 "모든 일에는 이유가 있겠지."라고 위로의 말을 건네곤 한다. 그런데 이게 무슨 말인가? 그 말의 뜻은 이렇다.

"하나님은 계획을 가지고 계셔. 지금은 우리가 그 계획을 알 수 없지만, 지금 네가 겪고 있는 그 고통에는 뭔가 목적이 있고 하나님은 그 고난의 이유를 가지고 계실 거야. 그냥 하나님을 믿어."

그냥 듣기에는 매우 경건하고 논리적으로 보인다. 하지만 나는 이 생각을 조심스럽게 점검해 볼 것을 권한다. 만약 모든 일에 이유가 있다면, 그 고난은 하나님의 계획의 일부분일 것이므로 우리는 실제로 이렇게 말하는 셈이다.

"이 비극이 너에게 일어나게 된 것은 하나님의 계획이었어. 그건 하나님의 뜻이지." 만약 그것이 하나님의 의도였다면, 실제로 그 고난에 대한 책임은 하나님에게 있다. 이 사건을 당신의 삶에 기록한 이가 바로 하나님이시니까.

하지만 이 논리를 조금 더 자세히 풀어 보자. 한 젊은 여성이 강간을 당하고 살해되었다. 그것이 정말 하나님의 뜻이었을까? 하나님이 그 여인의 인생과 그녀의 부모님 인생에 그런 사건을 예정해 놓으신 건가? 하나님이 그런 일이 생기기를 바라셨다면 하나님이 그런 끔찍한 일을 하도록 그 살인자의 마음속에 악한 생각을 심어 놓은 것이 된다. 그것이 정의롭고 사랑이 많으신 하나님이 하실 일로 들리는가? 이 일에 대해 "이건 하나님의 뜻임에 틀림없어."라고 말하는 것은 하나님이 이 사건을 일어나게 한 장본인이라고 확인을 하는 셈이다. 어떻게 그럴 수 있겠는가?

나는 2년 전에 한 젊은 여성에게서 다음과 같은 이메일을 받았다.

지난 봄 제 아기는 겨우 6주의 생을 마감하였습니다. 그때 많은 그리스도인들이 우리에게 "이는 하나님의 계획이다."라고 말했습니다. …… 이 비극이 일어나기 전에는 저도 그것이 맞다고 생각했던 것 같습니다. 하지만 무죄한 6주짜리 아이의 죽음이 하나님이 그리신 큰 그림의 일부라고는 상상할 수 없습니다. 만약 정말 그렇다면 저는 그렇게 계획하신 하나님에게는 아무런 관심도 없습니다.

이 여성의 친구들은 그녀를 위로하려고 그녀의 고통과 상실이 하나님 계획의 일부라는 말을 했겠지만, 비극의 당사자는 엄마에게서 아기를 떼어놓는 일을 정말로 하나님이 하신 일인가라고 묻고 있는 것이다. 그리고 아이를 잃은 슬픔을 겪고 있는 그녀의 물음은 지극히 정상적인 것이었다.
 이 지구상에서 기아와 영양결핍, 그리고 그와 관련된 병으로 죽는 사람들이 매일 2만에서 3만 명이라고 한다. 이것이 하나님의 뜻일까? 아니면 자원을 가진 사람들이 그렇지 못한 사람들을 돕는 것이 하나님의 뜻일까? 성경이 전하는 분명한 메시지는 후자이다. 더 나아가 모든 일이 하나님이 예정하신 계획에 따라 일어나고 있고 날마다 3만 명이 죽는 것이 하나님의 뜻이라고 믿는다면, 아마도 그리스도인들이 가난한 자를 위해 일하거나 자원을 사용할 필요는 없었을 것이다.

병에 걸리는 것이 하나님의 뜻이라면 왜 병원을 가는가? 병을 고치기 위해 치료하는 의사는 하나님의 사역에 반대해서 싸우는 것이 아닌가? 모든 자동차 사고가 하나님의 뜻에 의한 것이고, 모든 비극에 이유가 있다면 무엇 하러 자동차를 타면 안전벨트를 매고 오토바이를 타면 헬멧을 쓰는가? 어차피 죽을 운명이면 죽을 것이고 살 운명이면 살게 될 텐데 말이다.

높은 빌딩에서 아이를 밀어 버린 사람에 대해서는 어떻게 말해야 하는가? 한 아이가 당한 사고가 하나님의 뜻이라고 한다면, 그것은 정확하게 하나님이 하신 일이라고 말하는 것이 된다. 무죄한 사람을 괴롭히고 살해하도록 사주한 사람을 우리는 어떻게 대하는가? 대개 그런 사람은 감옥에 감금하고 소시오패스라는 낙인을 찍을 것이다.

만약 우리가 원인과 결과의 세상에서 살고 있다면 "모든 일에는 이유가 있어."라는 말은 참이다. 하지만 우리가 모든 일이 하나님의 뜻에 따라 일어난다고 말한다면, 그리고 모든 일이 하나님의 의도대로 발생한 것이라고 한다면, 이것은 참이 아니다. 우리가 그것이 참이라고 말할 때 우리는 세 번째 계명(하나님의 이름을 망령되이 사용하지 말라)을 위반하여 하나님의 성품과 본성을 오역하는 것이다. 비그리스도인들이 "모든 일에는 이유가 있어. 이것은 하나님의 뜻임에 틀림없어."라는 말을 듣는다면, 그들은 하나님은 사랑이 없고 정의롭지도 못하다는 인상을 받을 것이고, 하나님을 세상에 악과 고난을 가져오시는 분으로 상상하게 될 것이다.

모든 실망과 모든 비극과 모든 상실과 모든 고통스러운 경험이 하나님의 뜻이라고 배운 사람들이 하나님으로부터 멀어지는 것은 너무나 당연해 보인다. 그렇다면 우리는 하나님과 고난의 관계를 어떻게 이해하고 받아들여야 하는 것일까?

하나님의 고난을 이해하기 위한 3가지 배경지식이 있다?

먼저 하나님의 선하심과 우리가 세상에서 당하는 고난을 조화시키기 위해 기초가 되는 핵심적인 개념을 3가지로 나누어 보자.

첫째, 하나님이 인간에게 이 세상에 대한 '지배권'을 주셨다는 것이다. 다시 말해 하나님은 인류가 하나님의 별을 담당하도록 하시고, 여기에서 일어나는 일에 대해 우리에게 책임을 지우셨다는 것이다. 둘째, 인간에게는 선과 악을 구별하여 선을 선택할 능력이 있다는 것이다. 셋째, 인간은 자유가 주어져도 제대로 다루지 못하며, 하나님의 뜻이 아닌 것들에 자꾸 끌리는 내적 성향이 있다는 것이다.

이러한 개념에서 출발해야 우리가 고난을 받을 때 하나님이 우리에게 무엇을 원하시는지 이해할 수 있게 된다.

하나님은 인간에게 지구를 맡기셨다

성경을 여는 첫 장은 지구와 그 안의 모든 생물을 포함하여 우리가 아는 온 우주는 하나님의 의지의 산물이라고 단언한다. 과학자들의 도움으로 현재의 우주를 발전시킨 과정과 자연법칙을 우리는 아주 조금은 이해할 수 있다(예를 들어 빅뱅 이론, 양자 이론, 그리고 진화론 등). 하지만 그리스도인들은 그런 과정과 법칙 뒤에 이 우주를 창조하시고 그것을 움직이는 물리법칙을 세우시며 우주가 유지되도록 의지와 능력을 행사하시는 하나님, 곧 수학자, 물리학자, 생물학자, 예술가이신 분이 있음을 믿는다.

하나님은 존재하는 모든 것들의 근원이 되시며, 하나님의 능력과 의지가 그것들을 붙들고 있다. 또 인간을 창조하시어 자신의 피조물을 관리하고 감독할 책임을 인간에게 부여하셨다. 창세기 1장 27~28절을 읽어 보자.

"하나님이 자기 형상 곧 하나님의 형상대로 사람을 창조하시되 남자와 여자를 창조하시고 하나님이 그들에게 복을 주시며 하나님이 그들에게 이르시되 생육하고 번성하여 땅에 충만하라, 땅을 정복하라, 바다의 물고기와 하늘의 새와 땅에 움직이는 모든 생물을 다스리라 하시니라"

이 구절은 지구를 다스리는 '지배권'을 인간에게 허락하시고, 하나님 자신을 대신하여 그것을 관리하고 보살피고 통치하는 책임을 주셨다고 말한다.

물론 아무런 자원도 없이 이 지구를 다스리는 책임만을 인간에게 주신 것은 아니다. 하나님은 지구를 움직이는 자연법칙들이 작동되게 하시고 그것들이 예측 가능하도록 만드셨다. 그리고 인간이 옳고 그름을 알 수 있도록 지능과 영혼 그리고 양심을 선물하셨다. 마지막으로 하나님은 인류에게 율법과 선지자들을 보내셨다. 그리고 그 모든 것들로도 충분치 않자 하나님은 예수 그리스도를 보내셨다. "말씀이 육신이 되어"(요 1:14) 오신 예수님은 우리에게 "길이요 진리요 생명이"(요 14:6) 되셨다. 그분은 하나님을 사랑하고 이웃을 사랑하는 것이 인류에 대한 하나님의 뜻이며, 다른 사람이 내게 해 주기를 원하는 대로 나도 그들에게 행하고, 원수까지 사랑하며, 내게 잘못한 사람을 용서하고, 굶주린 자를 먹이며, 헐벗은 자를 입히고, 이방인을 환대하고 섬기는 것이 대접을 받는 것보다 낫다는 것을 보여 주고 가르치기 위해 오셨다. 그분이 십자가에 못 박히심으로써 희생적인 사랑이 무엇인지를 우리에게 보이셨다. 마지막으로 하나님은 "모든 진리로 (우리를) 인도하기 위해" 성령과 교회를 주셨다.

이 모든 것들을 주신 하나님은 인간이 하나님을 대신하여 지구에 지배력을 행사하고 책임을 다할 수 있도록 돕고자 하신다.

지구를 다스리시고 통치하시는 하나님의 주된 방식은 사람을 통해서이다. 하나님이 세상에서 어떤 일을 이루고자 하실 때에는 사람을 부르신다. 하나님은 가난한 자를 먹이시기 위해 하늘에서 만나를 내리지 않으시고 사람을 보내신다. 병든 자를 돌보아야 할 때에도 사람을 보내신다. 정의가 무너질 때에도 하나님은 사람을 보내시어 정의를 지켜 내기 위한 싸움을 하게 하신다. 어떤 사람이 낙담하여 사랑이 필요할 때에 하나님은 그들을 격려하고 돌봐줄 사람을 보내신다.

적어도 이것이 성경에 쓰인 하나님의 방식이다. 하나님은 이스라엘 민족이 이집트의 노예 생활에서 풀려나길 원하실 때에 모세를 보내셨다. 포로 생활을 하던 유대인들을 위로하고

자 하실 때에는 예레미야에게 감동을 주어 예언하게 하셨다. 예수님은 땅끝까지 복음이 전파되기를 원하실 때에 그분의 제자들을 보내셨다. 세상을 작동하는 하나님의 방식은 하나님의 영에 의해 힘을 얻고 추동되는 사람들을 사용하는 것이다.

하나님은 인간에게 자유의지를 주셨다

이제 하나님과 고난을 조화시킬 때에 반드시 필요한 두 번째 핵심적인 개념으로 가 보자. 인간이라면 악에서 선을 선택할 능력을 가졌다. 이 개념에서 우리는 본능에 의해 움직이는 동물과 구별된다. 하나님은 인간에게 선택의 능력을 주셨다. 선택의 자유가 인간됨을 이루는 기본이다. 하지만 그러한 자유는 자신의 삶이나 다른 사람의 삶을 고통으로 이끄는 일련의 행동을 선택할 가능성과 함께 온다. 마찬가지로 우리의 자유는 하나님이 원하시지 않는 것을 행하는 데에 사용될 수도 있다.

우리는 성경의 첫 부분부터 인간의 자유에 대한 개념을 찾을 수 있다. 창세기 2장 15절에서 하나님은 아담과 하와를 에덴동산에 두시면서 "그곳을 경작하며 지키게" 하셨다. 그런데 바로 그 다음에 이런 말씀이 나온다. "여호와 하나님이 그 사람에게 명하여 이르시되 동산 각종 나무의 열매는 네가 임의로 먹되 선악을 알게 하는 나무의 열매는 먹지 말라 네가 먹는 날에는 반드시 죽으리라"(16-17절).

왜 하나님은 아담과 하와가 그 나무의 열매를 먹을 것을 아시면서도 그 나무를 애초에 거기에 두셨을까? 아예 불순종할 수 없도록 선악과나무를 에덴동산에서 치워 버리실 수도 있었을 텐데 말이다. 선악과나무는 인간이 하나님의 방식이냐 아니면 다른 방식이냐를 선택할 자유를 상징한다. 하나님은 그러한 선택의 능력을 인간 존재의 필수 부분으로 여기셨다.

우리는 본능적으로 자유가 우리에게 얼마나 중요한지 안다. 인간의 역사를 보아도 사람들은 자유를 지키기 위해서 죽을 각오로 싸운다. 아이들은 자라면서 자유를 갈망한다. 우리는 사랑을 할 때에도 상대방이 먼저 나를 바라봐 주고 사랑해 주기를 원한다. 인간에게 선과 악을 선택할 능력을 주겠다는 결정을 하신 것 자체가 하나님 사랑의 표현이다. 그러나 여러 이유로 우리는 주어진 자유를 남용하여 자신뿐만 아니라 다른 사람도 고통에 이르게 만든다. 그것이 잘못된 선택이라는 사실을 이제 알아보고자 한다.

인간은 하나님의 길에서 벗어나려는 성향이 있다

하나님과 고난의 관계를 이해하는 데에 도움이 되는 마지막 핵심 개념은 인간에게는 하나님의 뜻이 아닌 것을 행하려는 어떤 성향과 기질이 있다는 점이다. 이 지점에서 '죄'라는 단어를 꺼내고자 한다. 영어로는 주로 'sin'이라고 번역되는 히브리어와 그리스어의 뜻은 '길에서 벗어나다' 혹은 '위치를 잃어버리다'이다. 그 길은 하나님의 길이며, 그 위치는 인간을 위한 하나님의 뜻이다. 인간은 최선의 상태에 있을 때조차 그 길에서 벗어나고자 하는 성향을 가지고 있다. 이것을 때로 '죄성'이라고 부른다.

아담과 하와의 이야기가 이것을 자세히 일러주는 예이다. 아담과 하와는 하나님이 어떤 길을 택하길 원하시는지 알고 있었다. 그것은 '그 나무의 열매는 먹지 않는' 길이었지만 그들은 열매를 시험해 보고 싶은 욕망에 끌린다. 사탄이 그들에게 먹어 보라고 속삭이자 그들은 하나님이 이렇게 아름다운 열매를 정말로 먹지 말라는 뜻은 아니셨을 것이라고 스스로를 기만한다. 그들은 죄를 합리화하여 선악과나무 열매를 먹었으며, 천국을 잃고 말았다.

이 이야기는 거의 날마다 내 삶에서 벌어지는 갈등상황을 정확하게 잡아내고 있다. 나는 내가 하지 말아야 하는 일은 하게끔 하고, 해야 하는 일은 하지 않아도 된다고 속삭이는 사탄의 목소리를 날마다 듣는다. 나는 매일 아니 하루에도 여러 번 하나님의 길을 갈 것인지 사탄의 길을 따를 것인지 결정해야 한다. 내가 사탄의 길을 선택한다면 내 삶에 하나님이 주신 천국의 어떤 부분은 분명 사라지고 만다.

아담과 하와의 이야기는 바로 우리를 비추는 이야기이다. 어떤 사람들은 그 이야기를 문학적, 역사적으로 받아들이고, 어떤 사람들은 그것을 비유와 상징으로 보지만, 그 이야기에서 우리는 인간이 어떤 존재인지를 알게 된다. 우리는 자신과 다른 사람을 고통스럽게 만드는 일에 끌리고 하나님의 길에서 벗어나게 하는 유혹에 쉽게 빠지는 자신을 발견한다. 이런 죄의 성향은 인간의 경험 곳곳에 스며든다. 그것은 마치 자신의 국민을 못살게 구는 독재자나 폭군과 같다. 그러한 성향은 부부가 서로 맺었던 결혼 서약을 위반하게도 만들며, 돈과 성 그리고 권력이라는 우상을 숭배하게도 만든다. 결국 자유를 남용하고 하나님의 길에서 벗어난 결과는 우리뿐만 아니라 우리의 행위에 영향을 받는 이들에게마저 고통을 안긴다. 그렇게 하나님이 선물로 주시고자 했던 자유의 오용으로 인해 고난이 닥치게 된다.

인간의 고난은 하나님의 섭리다?

위와 같은 세 가지의 핵심 개념을 염두에 두고, 세 가지 종류의 고난과 더불어 사랑과 공의 그리고 인간의 이러한 나약함을 긍휼히 여기시는 하나님과의 관계에 대해 생각해 보기로 하자.

자연재해와 불가항력의 고난

어떤 종류가 됐든 끔찍한 자연재해는 끊이지 않고 일어난다. 25만 명이라는 엄청난 수의 희생자를 남겼던 아이티의 지진, 파키스탄에서는 최악의 홍수가 발생하여 수백만 명의 이재민이 발생했다. 이 글을 쓰고 있는 지금 이 시간과 당신이 이 책을 읽고 있을 그 사이에도 자연재해는 세계 곳곳에서 일어나고 있을 것이다.

역사를 살펴보면 인간은 대부분의 재난을 하나님이 일으키신 것이라고 보았다. 과학이 발달하지 않았던 시대의 사람들이 광범위한 파괴를 가져오는 현상들을 어떻게 달리 설명할 수 있었겠는가? 현대의 우리는 지진이 지각의 운동이 만들어낸 것이며 지구의 중심이 지나치게 뜨거워지는 현상을 방지하기 위한 과정으로 이해한다. 지진이 없이는 지구에 생명을 유지할 수 없을 것이다. 마찬가지로 끔찍한 홍수를 불러오는 계절성 호우도 대기를 식히려는 지구의 노력의 일환이다. 이 두 과정은 우리 지구의 생명을 유지하게 한다. 인간이 이 거대한 자연의 힘에 노출되면 죽음과 문명의 파괴를 겪지만, 그 힘 자체는 지구 생명에 필수적이다.

이제 우리는 더 이상 하나님이 지진을 불러오거나 홍수를 유발하신다고 믿지 않게 되었다. 마찬가지로 하나님이 왜 이런 일들이 일어나지 않도록 개입하시거나 멈추지 않으시는지도 이해한다. 만약 하나님이 그런 식으로 개입하시는 순간 이 지구가 생명력을 유지하지 못할 것은 확실해진다. 지진과 쓰나미가 지구에 필요한 것임을 아는 인간의 과제는 그러한 조건에 적응하는 것이다. 지진이나 계절성 호우의 영향을 자주 받는 지역을 피하거나, 그러한 피해를 견딜 수 있는 건물을 설계하는 것이 그 방법이 되겠다. 그러한 힘들이 가난한 사람들이 모여 사는 곳에 닥치게 되면 더욱 무서운 파괴력을 행사한다. 하나님이 정녕 가난한 사람들에게 그러한 끔찍한 재난을 가져오신 것인가, 아니면 이들 지역에 부의 분배가 제대로 이루어지지 않은 것인가?

이러한 자연재난을 겪는 이들에 대한 하나님의 섭리는 그들을 도울 사람을 보내시는 것이다. 인간으로서 우리는 필요한 사람들에게 음식과 옷 그리고 집을 제공하라는 하나님의 부름을 듣는다. 우리는 재난으로부터 생존한 사람들이 삶을 다시 시작할 수 있도록 팔을 걷어붙이고 도와야 한다.

가난 속에서 사는 이들, 원활하지 못한 물 공급으로 인한 질병과 기근으로 인한 영양실조로 죽어 가는 어린이들은 어떤가? 날마다 3만 명이나 되는 가난한 어린이들이 의료 혜택을 받지 못해 예방 가능한 질병으로도 사망한다. 이런 일이 일어날 때 하나님은 어디에 계시는가? 지구에 먹을 것이 충분하고, 종종 지표면 45미터 아래에는 물이 흐르고 있어 깨끗한 물이 조달 가능하다는 것을 안다면 더욱 비극이 아닐 수 없다.

최근 나는 아프리카 남부에 위치한 말라위에 다녀왔다. 말라위는 세계에서 가장 가난한 국가 중의 한 나라이다. 흙먼지로 뒤덮인 시골길을 따라 여행하다 정말 지독한 가난에 시달리고 있는 어린이들을 보았다. 비가 충분히 오지 않아 곡식이 자라지 못하면 말 그대로 앉아서 굶어죽는 수밖에 없을 정도였다. 그들은 집에서 800미터나 떨어진 곳에서 푸른 빛깔의 물을 마시고 병에 걸리곤 한다. 학교는 수 킬로미터 떨어진 곳에 있고 의료기관도 마찬가지로 멀다.

말라위의 그 시골 마을을 다니며 우리 팀은 "하나님은 우리가 어떻게 이 말라위 사람들을 돕기를 원하시는가?"라고 질문했다. 우리는 그 지역에서 하나님의 손과 목소리가 되고자 했다. 우리는 안전하고 깨끗한 물 공급을 위해 우물을 파고, 그 마을 사람들에게 직접 도움이 될 만한 다양한 프로젝트를 행하기를 하나님이 원하신다고 판단했다.

다른 사람들에게 희망을 주시고 그들을 돕기 원하실 때에 하나님은 사람을 보내신다. 이 세상의 많은 고난이 하나님의 백성들이 그분의 부르심을 듣지 못했거나 응답하지 않기 때문에 발생한다. 하나님은 우리가 하나님의 손이 되고 목소리가 되어 고난받는 사람들을 돕기 원하신다. 세상 곳곳에 영향을 미치는 자연재해와 광범위한 가난은 우리의 행동을 원하시는 하나님의 부르심이다. 문제는 하나님의 백성이 그 소리에 주의를 기울이느냐이다.

인간의 잘못된 판단이 가져오는 고난

두 번째 살펴볼 고난의 종류는 하나님과의 관계에 대한 것이다. 그런 고난은 우리 자신의 판단 착오나 자유의 남용 혹은 다른 사람이 잘못 행사한 자유로 인해 유발하는 것들이다.

우리 부부는 아이들이 성인이 되면 더 이상 아이들에 대해서는 고민할 거리가 없을 줄 알았다. 이제 다 커서 집을 떠났지만 그들에 대한 내 걱정은 늘어나면 늘어났지 줄어들지 않았다. 때로는 그들이 자만할까 봐 걱정했고, 어떤 때에는 병이 날 지경에 이를 정도의 일을 벌이기도 했다. 적어도 집을 떠나기 전에는 아이들에게 규칙을 정해 둘 수 있었다. 또 내가 대학 학자금을 주는 동안에는 그 규칙을 따라 달라고 요구할 수 있었다. 하지만 학교를 졸업하고 나니 아이들은 더 이상 내 규칙을 따를 필요가 없어졌다.

그제야 나는 부모라도 자녀를 마음대로 할 수 없다는 것을 알게 되었다. 그들은 자유롭고, 내 생각에 아무리 그들에게 최선이라 생각되는 것들도 강요할 수 없게 되었다. 때로 그들의 결정은 나를 울게도 하고 겁이 나게도 하며 고통을 가져오기도 할 것이다. 하지만 부모가 무엇을 할 수 있겠는가? 우리는 이렇게 말할 수 있을 뿐이다. "너를 사랑한단다. 네 행동에는 결과가 있을 것인데, 너는 지금 불필요한 위험을 감수하려고 하는구나. 하지만 나는 언제나 너를 사랑해."

몇 년 전 나는 호텔 발코니 낙상 사고로 아들을 잃은 한 가족을 위로한 적이 있다. 우리는 그 아들이 살아나는 기적이 일어나기를 얼마나 바랐는지 모른다. 하지만 심지어 예수님도 하나님의 보호하심을 믿고 사원의 꼭대기에서 뛰어내리라는 마귀의 유혹을 거부하지 않으셨던가. 나는 그의 아버지와 이야기를 나누게 되었는데, 그는 이렇게 한탄했다. "만약 그 자리에 있기만 했더라면 아이가 떨어질 때 밑에서 받을 수 있었을지 모르겠다는 생각이 계속 들어요." 그때 하나님은 내게 이렇게 답하게 하셨다. "당신은 할 수 없었지만 하나님은 하셨습니다. 하나님은 당신의 아들을 받으셨고, 이제 그 아드님은 하나님의 품에서 안전하게 있습니다."

하나님은 우리의 자유를 앗아가지도, 우리가 상상하는 기적의 방법으로 우리를 구원하지도 않으신다. 그러나 앞으로 4장에서 보게 되겠지만, 하나님은 우리를 구원하시겠다고 약속하셨으며, 우리는 그 약속으로 인해 이생에서 경험하는 모든 고통을 견딜 뿐만 아니라 오히려 선을 행할 힘도 얻게 된다.

자신의 삶에 불행한 일이 벌어지면 하나님에게 화를 내는 사람들이 있다. 그러나 내 경험에 비추어 보면 거의 모든 사람들이 실은 그런 실망스런 판단을 했던 자신에게 화가 난 것이었다. 그중에서도 기억에 남는 한 사업가는 모든 사람들이 반대하는데도 고집스럽게 자신의 돈을 모두 잘못된 투자에 쏟아부었다. 그는 사업이 망한 것이 하나님의 탓인 양 화를 내었다. 나는 그와 함께 걸으면서 그에게 자본주의자가 맞느냐고 물었다. 그는 말하길, "그럼요. 저는 자본주의와 시장의 힘을 믿습니다."라고 했다. 내가 다시 물었다. "그렇다면 잠깐만 하나님을 빼놓고 생각해 봅시다. 사업가의 관점에서 당신의 사업 실패를 어떻게 해석하시겠습니까?" 그는 이렇게 답변했다. "음, 다소 자본이 부족했던 것 같아요. 꼭 필요한 마케팅을 진행할 수가 없었어요. 그리고 가격 경쟁에서 졌고, 고객들은 내 제품의 가치를 알아보지 못한 것 같아요." 내가 다시 물었다. "자, 그렇다면 당신의 실패에서 하나님이 책임져야 하는 부분은 무엇인가요?" 그는 아무 말이 없었다. 하나님은 시장을 왜곡하거나 고객들이 필요하지도 않은 제품을 사라고 팔을 비틀지도 않았고, 같은 그리스도인이 사업을 한다고 무조건 도와주라고 하지도 않으셨다.

사업가는 사업에는 실패했지만 믿음 안에서 하나님의 눈에는 자신이 실패자가 아니라는 깨달음을 얻었다. 하나님의 보호하심 속에서 사업 실패는 그의 인격을 더욱 깊게 하는 데 사용되었다. 이후 그는 하나님 탓하기를 멈추고 하나님을 바라며 오랜 시간 산책과 함께 기도를 하였다. 고백하기를 그때에 그는 하나님이 자신과 함께 걷고 계심을 느낄 수 있었으며, 그로 인해 마음의 평온과 힘을 얻었다고 했다.

하나님은 우리에게 스스로 판단할 수 있는 자유를 주셨다. 가끔 우리는 잘못된 결정을 내리기도 하고 그 결과로 고통을 당하기도 한다. 하나님이 주신 자유는 달리 말하면 다른 사람에게 고통을 주는 결정을 내릴 수도 있다는 뜻이 된다.

내 할머니는 어렸을 때 비극적인 가정사를 겪으셨다. 가족이 함께 교회로 걸어가던 중에 어떤 술 취한 운전자가 가족을 덮쳐 어머니와 여동생이 사망한 것이다. 수십 년이 지났어도 할머니는 이 이야기를 할 때마다 크게 슬퍼하셨다. 생각해 보면 가족을 잃은 슬픔으로 인해 할머니는 신앙을 잃어버릴 수도 있었다. 특히나 하나님을 예배하기 위해 교회로 가던 중에 당한 비극이기 때문에 하나님을 향해 화를 내고 하나님을 원망할 수도 있었다.

할머니에게 그런 감정이 있었는지는 모르겠지만 내가 아는 한 할머니는 그런 원망이 없으셨다. 할머니는 신실한 분이셨다. 술을 마시고 운전을 하겠다는 선택을 한 그 남자 때문에 하나님을 원망하지 않으셨다. 할머니는 어머니와 여동생이 죽은 것은 그 남자의 잘못된 선택의 결과였음을 아셨다.

만약 하나님이 우리의 자유를 제한하셔서 그런 비극이 일어나지 않도록 하신다면 어떻게 될까? 하나님이 애초에 당신이 그런 잘못을 저지르지 못하게 만드셨다면 당신의 인생은 어떻게 되었을까? 우리의 간절한 바람대로 사람이 서로를 해하지 않게 된다면 그 결과에 정말 만족할 수 있을까? 정말 우리가 바라는 결과를 얻을 수 있을지 잘 모르겠다. 우리가 인간일 수 있게 하는 것은 부분적으로는 잘못된 것에서 옳은 것을 선택할 능력이 있기 때문이다(위에서 보았듯이, 아담과 하와에게 금지된 나무를 심은 것이 바로 그런 하나님의 의도가 아닐까?). 만약 아무런 선택권이 없이 오로지 하나님의 뜻만 행한다면 우리는 인간이기를 그치고 꼭두각시가 되는 것이다.

인간은 실로 그 어느 것보다 자유에 더 큰 가치를 두는 존재이다. 하나님은 그 자유를 우리가 잘못 사용하여 당신의 마음을 아프게 할지도 모를 위험을 감수하시면서까지 우리에게 자유를 허락하신 것이다.

물론 대부분의 사람들이 이 정도는 이해한다. 하지만 히틀러와 그의 사람들이 저질렀던 홀로코스트와 같은 악행은 어떻게 이해할 수 있는가? 600만 명의 유대인들이 살해되는 동안 하나님은 어디에 계셨단 말인가? 이러한 의문과 홀로코스트의 공포가 바로 제2차세계대전 후 수십 년 동안 수많은 사람들의 신앙을 위태롭게 하였다.

워싱턴 D.C.의 국립홀로코스트박물관을 걸으면서 나 또한 그러한 의문에 휩싸였다. "하나님은 우리에게 하나님의 길 또는 다른 길을 선택할 수 있는 자유를 주셨다. 그리고 인간은 다른 길로 가려는 성향을 가지고 있다."라는 설명만이 선하고 사랑이 많으신 하나님과 악들을 연결할 수 있는 유일하고 합리적인 대답이었다.

홀로코스트의 경우에 그 끔찍한 일은 단 한 사람(히틀러)에 의해서가 아니라, 나치에 적극적으로 부역한 수백만 명의 사람들에 의해 저질러졌고, 유대인들을 위해 (그리고 나치에 의해 박해받고 죽임을 당한 많은 사람들을 위해) 저항하기보다는 침묵했던 수는 수천만 명이나 되었다. 그 많은 개인이 각각 자신의 자유를 남용하여 하나님의 마음을 슬프게 만들었던 것이다. 어떤 이들은 실제로 하나님의 계획과 뜻에 반대되는 일을 활발하게 하는 직접적인 죄를 지었으며, 어떤 이들은 자신의 주변에서 일어나는 악에 저항하지 못한 간접적인 죄를 지었다.

홀로코스트는 하나님에게 돌아서서 악을 향하여 자신의 자유를 오용하고 남용한 수천만 개인의 행동의 총합이다. 입장을 바꾸어 이들 각각의 반역적 행위들을 견디시며 자신의 자녀가 고통을 당하며 죽어 가는 모습을 바라볼 수밖에 없는, 참담한 슬픔을 감당하시는 모습을 상상해 보자. 인간이 서로에게 가한 폭력을 보시는 하나님의 모습을 그린 창세기 6장 6절, "땅 위에 사람 지으셨음을 한탄하사 마음에 근심하시고"를 떠올리지 않을 수 없다. 이 말씀 이후에는 사람들이 서로를 향해 그리고 세상을 향해 폭력을 가하는 것에 자신의 자유를 사용하는 것을 보다 못한 하나님이 인간을 파멸시키는 대홍수 이야기가 이어진다.

그런 관점에서 홀로코스트를 생각한다면, 선하시고 사랑이 많으신 하나님과 각 개인이나 집단이 당하는 고난에 대한 질문은 하나님이 주신 자유를 잘못 사용하여 서로에게 가하는 것이라고 정리할 수 있을 것이다. 결국 홀로코스트와 같은 폭정과 폭력의 종식에 대한 하나님의 답변은 정의를 위해 싸워 홀로코스트를 끝내라는 하나님의 부르심에 응답한 인간들을 통해 오는 것이다.

질병으로 인한 고난

인간의 고난 중에서 마지막 항목인 질병으로 인한 고난을 생각해 보자. 몸이 아프면 많은 사람들이 "하나님, 왜 제게 이런 일이 생겼나요?"라고 묻는다. 마치 인간의 질병이 높은 곳에서 내려온 벌이라도 되는 것처럼 말이다. 분명 하나님이 때로는 이러한 방식으로 사람들을 벌하기도 하시지만, 예수 그리스도가 십자가에 못 박히신 것이 죄 때문인가를 진지하게 생각해 본다면, 우리가 아픈 것이 하나님이 하신 일이라는 말을 쉽게 하지는 못할 것이다.

20세기의 위대한 설교자 중의 한 명인 레슬리 웨더헤드(Leslie Weatherhead)가 인도의 선교사로 가 있었을 때의 이야기이다. 그가 함께 목회를 하던 젊은 인도인에게 딸이 하나 있었는데 그 딸이 콜레라로 죽고 말았다. 슬픔에 빠진 인도인은 체념한 듯 이렇게 말했다. "아마 하나님의 뜻이겠지요." 그러자 웨더헤드는 그의 말을 끊고 이렇게 물었다. "존, 누군가 밤에 당신의 베란다에 침입해서 딸의 입에 콜레라균이 묻은 수건을 덮었다면 뭐라 말하겠소?" 그는 분통을 터트렸다. "그런 나쁜 놈은 그냥 두지 말아야죠!" 웨더헤드가 답했다. "이보게 존, 지금 방금 자네는 하나님을 욕한 것일세."

질병은 하나님의 뜻이 아니다. 예수님은 이 땅에서 많은 시간을 들여 병든 자를 고치셨지 사람들에게 더 큰 병에 걸리게 하지 않으셨다. 우리의 몸은 놀랄 만큼 회복력이 있다. 자동차가 10년 동안 300만 킬로미터 정도를 운행했다면 대단히 오래 탔다고 생각한다. 평균적으로 인간의 신체는 80년 전후를 견디며, 또 어떤 이들은 105세를 넘게 산다는 사실을 생각해 보자. 인간의 몸은 놀랍도록 견고하게 지어졌다.

스스로 회복하는 능력도 신기하다. 자동차라면 어떨까. 문에 긁힌 자국이 절로 없어지려면 아주 오랜 시간이 걸려야 할 것이다. 하지만 우리의 신체는 그렇지 않다.

이런 엄청난 능력에도 불구하고 우리의 몸이 천하무적은 아니다. 우리의 신체는 흔한 질병에도 취약하다. 질병과 상해,

그리고 사망은 살과 피로 이루어진 육체에 필연적으로 찾아온다. 살아 있는 생명은 죽음에 대한 위험을 항상 몸에 지니고 살아간다. 그것은 하나님이 하신 일이 아니라, 이 세상에서 살고 있는 육체를 가진 생물에게 숙명처럼 찾아오는 것이다.

병에 걸린 것에 대해 하나님을 원망할 것인가? 아니면 시편 기자처럼 우리의 신체를 보며, "나를 지으심이 심히 기묘하심이라"(시 139:14)라고 탄복할 것인가? 어느 것이 나을까? 이번 장의 원고를 마무리하고 있을 때 아버지가 힘든 암 투병을 하고 있는 교인에게서 전화가 왔다. 아마도 암과의 전쟁에서 이길 수 없겠지만, 그녀의 아버지는 본인이 암에 걸린 것 때문에 하나님을 원망하지 않는다고 했다. 아버지는 하나님이 투병과정에서도 자신과 함께하심을 알기 때문에 위로를 얻었으며, 자신의 바람은 남은 날 동안 최선을 다해 사는 것이라며 날마다 자신의 생명을 하나님의 손에 올려 드리며 하루를 시작한다고 했다. 나는 그의 딸과의 통화를 마치기 전에 그녀의 아버지를 하나님의 사랑과 돌보심에 맡기고, 하나님이 의사들과 간호사들을 통해 일하시고, 그를 고치시기 위한 하나님의 직접적인 만지심이 있기를 기도했다. 또 우리는 그녀의 아버지에게 하나님의 평화가 임하여, 어떤 일이 있어도 하나님이 그를 놓지 않으실 것을 알고 의지하기를 기도했다.

최근에 사모님이 2년 간 암 투병을 하다가 세상을 떠나신 목사님과 대화할 기회가 있었다. 나는 목사님에게 아내의 투병과 죽음이라는 불행을 이기고 믿음을 지킬 수 있었던 방법에 대해 물었다. 그러자 그는 아내가 죽은 후 아내의 무덤에 가서 하나님께 고래고래 고함을 쳤다고 말했다. 놀랍게도 그는 자신의 그런 행위도 실은 하나님에 대한 믿음의 일종이었다고 설명했다. 옳은 말이었다. 하나님께 소리를 지르려면 그 분이 계심을 믿어야 했을 테니까 말이다. 하나님은 우리의 극심한 슬픔에서 오는 분노를 다루실 정도로 '충분히 크신' 분이시다.

목사님은 하나님이 아내에게 암이라는 병을 주셨다고는 절대 생각지 않으며, 자신이 분노한 것은 일종의 슬픔이었다고 첨언했다. 그는 계속해서 기도했고 친구들은 그에게 사랑과 위로를 주었다. 시간이 지나 분노가 점차 사그라지면서 하나님의 임재를 다시 느낄 수 있었다. 그리고 어느 날 밤 자신의 집 현관에 앉아 어두운 캔자스의 별들을 올려다보면서 하나님이 얼마나 크신 분인지 깨달았으며, 그 순간 아내가 하나님과 함께 있으며 언젠가 다시 아내를 만나게 될 것이라는 확신이 들었다고 했다. 그는 다시 하나님을 신뢰하고 자신을 맡겨드릴 수 있게 되었다.

그가 내게 인용한 말씀은 시편 136편의 첫 구절이었다.

"여호와께 감사하라 그는 선하시며 그 인자하심이 영원함이로다"

나는 고난이 유익이라 고백할 수 있다?

고난을 당해 하나님을 거부하는 사람을 만날 때마다 드는 생각이 있다. 그건 하나님을 거부한다고 하여 우리에게 고통을 주는 상황이 바뀌지는 않는다는 것이다. 그래봐야 고난을 통하여 얻을 수 있는 소망, 도움, 위로 등 삶의 근본이 되는 자원을 없앨 뿐이다.

하나님의 자녀에게 고난은 절대 최후의 단어가 아니다. 앞에서 보았듯이 기독교는 인간의 고난을 제거한다고 약속하지 않는다. 단지 고난이 최종적인 선언이 아니라고 약속할 뿐이다. 이스라엘 민족은 노예에서 해방되었다. 다윗은 고통 중에도 구원을 발견했다. 그리고 예수님은 3일째 되는 날에 죽음에서 살아나셨다. 하나님은 당신의 자녀에게 부당한 고난을 불러오시는 분이 아니다. 하나님은 고난도 하나님의 선한 목적에 사용하시는 분이다. 하나님은 불과 홍수에서도 우리와 동행하신다. 그리고 약속하신다.

"현재의 고난은 장차 우리에게 나타날 영광과 비교할 수 없도다"(롬 8:18).

제2장

왜
내 기도는
응답되지
않는가

WHY
내 기도는
응답되지
않는가

내 하나님이여 내가 낮에도 부르짖고 밤에도 잠잠하지 아니하오나 응답하지 아니하시나이다

시편 22:2

너희가 내 안에 거하고 내 말이 너희 안에 거하면 무엇이든지 원하는 대로 구하라 그리하면 이루리라

요한복음 15:7

아버지여 만일 아버지의 뜻이거든 이 잔을 내게서 옮기시옵소서 그러나 내 원대로 마시옵고 아버지의 원대로 되기를 원하나이다

누가복음 22:42

응답받지 못한 기도가 가져오는 혼란

내가 사는 지역의 한 여성이 여러 해 동안 불임 시술을 받다가 마침내 임신이 되었다. 부부는 기쁨에 들떴다. 하지만 임신 초기부터 아내가 크게 아프기 시작했다. 임신 5달째가 되었는데 의사는 이대로 아기를 계속 품고 있으면 임산부의 생명이 위험하다고 통보했다. 물론 아기 엄마는 그러한 위험을 감수하고자 했지만 가족들은 그렇지 못했다. 결국 아기는 세상 밖으로 나올 수 없었다.

그녀는 그때의 경험을 이렇게 적었다.

"저는 하나님의 뜻을 의심해 본 적이 없습니다. 그런데 이제 제 삶과 신앙이 위기에 처했습니다. 기도를 하면 하나님은 어떤 일이든 이루실 수 있고 또 그러실 것이라고 항상 생각했죠. 하지만 하나님은 들어주시지 않았습니다. 하나님은 과연 어떤 분이실까요? 이런 하나님이 어떻게 선한 분일 수 있나요?"

이 사건으로 인해 젊은 여성은 자신의 신앙을 버리고 하나님을 믿지 않게 되었다.

하나님이 가장 필요할 때에 소리쳐 도움을 요청해도 묵묵부답일 때 많은 사람들은 신앙에 혼란을 겪는다. 더 당황스러운 것은 내 기도가 응답되지 않아 절망할 때 어떤 사람들은 하나님이 자신의 기도에 항상 응답하신다고 주장한다는 사실이다. 그들의 기도는 실상 무척 사소해 보이는 것들이다. 한 목사님은 쇼핑몰 주차장에 들어갈 때마다 하나님께 주차 자리를 찾게 해 달라고 기도하면, 바로 눈앞에서 빈자리를 찾게 된다고 했다. 또 한 미식축구 선수는 터치다운을 잡고 나면 하늘을 향해 손을 들곤 한다. 주차자리와 터치다운에 대해서는 응답하시는 하나님이 왜 암이나 태어나지 못한 아기에 대해서는 기적을 베풀지 않으시는 걸까?

기도에 담은 나만의 기대들

대개 실망은 기대가 채워지지 않았을 때 온다. 기도에 대한 우리의 기대는 일정 부분 마태복음 21장 21절부터 22절, "만일 너희가 믿음이 있고 의심하지 아니하면 이 무화과나무에게 된 이런 일만 할 뿐 아니라 이 산더러 들려 바다에 던져지라 하여도 될 것이요 너희가 기도할 때에 무엇이든지 믿고 구하는 것은 다 받으리라" 하신 예수님의 말씀으로 인한 것이다.

한눈에 보기에도 예수님은 우리가 믿음이 있으면 우리가 요구하는 무엇이든 해 주실 것이라고 약속하는 것으로 보인다. 이 말씀과 함께 예수님이 말씀하신 다른 약속들이 분명 성경에 있으니, 우리의 기도가 응답되지 않을 때 혼란에 빠지는 것은 당연하다. 자녀의 안전을 위해, 죽어 가는 친구를 위해, 직장을 얻기 위해 기도하지만, 결국 친구가 죽고, 몇 달간이나 실업자의 신세에서 벗어나지 못하거나 자녀에게 무슨 일이 생기기라도 하는 날이면 흔들릴 수밖에 없다.

어떤 그리스도인들은 이런 기도 응답의 '실패'가 당신에게 원인이 있다고 설명한다. 한 인터넷 사이트에는 당신의 기도가 응답되지 못하는 '흔한 이유'를 여러 개 나열하기도 한다. 그 이유들 중에는 다음과 같은 것들이 있다.

당신이 주님을 기쁘시게 하지 않았기 때문이다.
당신이 자신의 죄를 고백하지 않았기 때문이다.
당신이 부적절한 동기를 가지고 기도했기 때문이다.
당신에게 믿음이 부족하기 때문이다.

나는 그런 이유들이 터무니없다고 생각한다. 당신이 더 열심히 하나님을 기쁘시게 하려는 노력을 하지 않았거나 자신의 죄를 고백하지 않았기 때문에, 간구가 부족하여 아픈 자녀나 심각한 질병에 걸린 친구를 위한 당신의 기도가 응답되지 않았다는 말은 잔인한 오해이다.

여리고 성 밖에서 예수님이 고치신 시각장애인 바디매오는 예수님을 기쁘시게 하기 위해 무엇을 했단 말인가? 그가 자신의 눈을 고침받기 위해 자신의 죄를 고백하기라도 했단 말인가? 그의 죄고백이 없었어도 예수님은 그를 고치셨다(마가복음 10:46-51을 보라). 또 예수님이 길을 가다 장례식 행렬을 만났는데 아들의 죽음을 슬퍼하는 여인을 보시고, 마음이 아프셨다. 게다가 그 어미는 이미 남편을 잃은 상태였다. 예수님은 그 여인이 아들을 살려 달라고 예수님께 부탁을 하기까지 기다리지 않으시고 긍휼과 자비로 장례 행렬을 멈춰 세우고 소년을 살려내셨다(눅 7:11-17). 여기서 눈여겨 보아야 할 핵심은 예수님이 고쳐 주신 그 사람들이 거룩해서가 아니라, 예수님이 거룩하시기 때문에 고치셨다는 사실이다.

그렇다고 하나님을 위해 살고 그분을 기쁘시게 하기 위해 노력하는 것이 중요하지 않다는 말을 하려는 것은 아니다. 요점은 우리가 충분히 거룩하지 못해서 하나님이 우리의 기도를 들어주지 않으신다는 설명은 은혜에 기초한 신앙에는 어울리지 않아 보인다는 것이다. 우리가 믿는 구주는 "우리가 아직 죄인 되었을 때에"(롬 5:8) 자신의 생명을 우리를 위해 내어주신 분이며, 그로 인해 우리는 하나님의 은혜로 구원받는 것이지 우리의 행위로 구원받는 것이 아니기 때문이다.

그렇다면 믿음이란 무엇인가? 물론 믿음으로 기도하는 것이 중요하다. 하나님을 믿는다는 말은 하나님이 들으시고, 우리를 살피시며, 우리가 기도하는 대로 행하실 수 있다는 것을 신뢰하는 행위이다. 예수님은 우리가 믿음으로 기도하기를, 그리고 기도하면서 신뢰하기를 요구하신다. 성경에서 우리는 예수님의 응답을 받은 이들을 찾아볼 수 있는데, 각기 방식은 다양하지만 이 은혜의 시간은 이들이 자신의 필요가 채워질 것이라는 믿음을 보일 때였다. 그렇다면 기도가 응답되기 위해서는 얼마나 많은 믿음을 가져야 하는 것일까?

성경에는 간질병을 앓는 아들을 둔 한 남자의 이야기가 나온다. 마가복음 9장 14절에서 32절까지의 내용이다. 남자는 예수님에게 이렇게 애걸한다. "무엇을 하실 수 있거든 우리를 불쌍히 여기사 도와주옵소서!" 그러자 예수님이 답하셨다. "믿는 자에게는 능히 하지 못할 일이 없느니라." 이 말씀에 그는 "내가 믿나이다 나의 믿음 없는 것을 도와주소서!"라고 소리쳤다. 그가 시인한 것처럼 그 남자의 믿음은 완전하지 않았으며 또 완전해지기를 원했던 것도 아니다. 하지만 예수님은 그의 아들을 고치셨다.

마태복음 17장 20절의 예수님 말씀은 제자들의 믿음 없는 것을 보신 후 그 소년이 치유받기에 필요한 믿음에 대해 설명한 것이라고 나는 생각한다. 예수님은 이렇게 이르셨다. "너희가 만일 믿음이 한 겨자씨만큼만 있으면 이 산을 명하여 여기서 저기로 옮기라 하여도 옮길 것이요." 겨자씨는 소금 한 알보다 작다. 예수님의 요점은 믿음의 크기에 상관없이 아주 작은 모양이라도 하나님의 마음을 감동시킨다는 것이다.

그렇다면 응답되지 못한 기도가 그리스도를 위해 살지 못한 우리의 실패 때문이거나 죄 고백이 없어서라거나 믿음이 충분하지 못해서 발생한 결과가 아니라면, 때로 기도가 응답되지 않는다는 사실은 어떻게 받아들여야 할까? 아마도 그 답은 우리의 기도가 뭔가 잘못 되어서라기보다는 우리가 믿음으로 산을 옮길 수 있고, 믿음으로 기도하면 무엇이든 요구하는 대로 이루어진다고 하신 예수님의 말씀을 제대로 이해하지 못해서가 아닐까?

신학교에 들어가서야 비로소 깨닫게 된 사실이 있다. 그리고 그 깨달음은 예수님의 여러 가르침을 이해하는 데에 큰 도움이 되었다. 그건 예수님이 말씀하실 때 '과장법'을 많이 사용하셨다는 것이다. 과장법은 핵심을 설명하기 위해 어떤 사안을 강조하거나 과장하는 것이다. 이는 선지자들과 1세기의 순회 설교자들의 언어 방식이었다. 예수님의 말씀을 읽는 우리의 문제는 과장법을 고려해서 읽어야 할 때에도 그분의 말씀을 '과장되게 문자적으로' 읽는다는 데에 있다. 과장법을 고려해서 읽는다는 것은 진지하지만 항상 문자 그대로 받아들이지는 않는다는 뜻이다. 과장법은 핵심을 빠르고 간략하게 이해시키도록 하며, 때로는 사람들의 태만을 흔들어서 그들이 변화하게 한다. 예수님의 과장법 사용의 예를 몇 가지 생각해 보자. 그리고 그분의 말씀을 진지하게 받아들여야 하지만, 항상 문자적으로 받아들이지 않는 것이 왜 중요한지 생각해 보자.

예수님은 죄에 대해 말씀하시면서 만약 우리의 손이 죄를 짓게 만든다면 그 손을 잘라버리고, 눈이 범죄하게 한다면 눈을 뽑아버리라고 하신다(마 5:29-30). 우리는 이 말씀을 읽으면서 예수님이 우리에게 자해를 가르치신다고는 믿지 않는다. 예수님은 죄가 엄중한 문제이며, 그 죄를 피하기 위해 우리는 할 수 있는 모든 것을 다해야 한다는 뜻으로 말씀하셨다고 생각한다.

예수님은 "부자가 하나님의 나라에 들어가는 것은 나귀가 바늘귀를 통과하는 것보다 어렵다"(마 19:24, 막 10:25, 눅 18:25)라고 말씀하셨다. 이것을 문자 그대로 이해해야 하는 것일까? 만약 그렇다면 대부분의 미국인들은 세계 대부분의 사람들에 비해 부자이므로 하나님의 나라에 들어가기란 불가능할 것이다. 그러나 예수님은 "부는 네 영혼에 파괴적인 영향을 미칠 수 있다. 물질을 조심스럽게 다루어 영혼을 잃어버리지 않도록 하라"라는 뜻의 말씀을 과장법을 사용하여 전달하신 것이다.

예수님은 "음욕을 품고 여자를 보는 자마다 마음에 이미 간음하였느니라"(마 5:28)라고 말씀하신다. 하지만 음란한 생각을 하는 것과 실제로 배우자를 속이는 것에 정말 차이가 없단 말인가? 물론 그 둘은 절대 같지 않지만, 예수님은 속으로 생각하는 것은 문제가 되지 않는다는 우리의 생각을 뒤흔드시고, 음욕 자체가 잘못이며, 생각하는 것 자체가 마음의 간음임을 깨닫게 하신 것이다.

과장법이 예수님의 말씀에서 많이 사용되었다는 것을 이해했으면, 다시 예수님의 말씀으로 돌아가 보자. "너희가 기도할 때에 무엇이든지 믿고 구하는 것은 다 받으리라"(마 21:22). 이 말씀이 문자적으로 그리고 기계적으로 응답을 받는다는 약속이었을까? 아니면 제자들에게 담대하게 그리고 믿음으로 기도하라는 예수님 식의 과장법이었을까? 이는 "믿음으로 산을 움직일 수 있다"라고 제자들에게 이르신 것과 같은 화법이므로 이 말씀을 읽을 때에 과장법을 감안하는 것이 도움이 된다.

과장법이 가진 한 가지 특징은 논리적으로는 불가능하지만 듣는 사람들이 쉽게 그 말의 전체 맥락을 이해한다는 점이다. 사실 이러한 과장법은 우리도 많이 쓰고 있다. 어떤 사람이 "배가 고파서 돌이라도 먹겠다."라고 말한다고 해서 "말도 안 돼, 어떻게 돌을 먹니?"라고 답하지는 않는다. 그만큼 배가 고프다는 뜻이라고 이해하기 때문이다. 중학교에 다니던 내 딸이 어느 날 이렇게 말했다. "아빠, 그 남자애가 내게 말을 걸면 나는 그냥 죽어 버릴래." 그 말을 들었다고 내가 딸이 자살할까 봐 겁이나서 딸에게 말을 걸려는 남자애를 제지하려 들지는 않았다.

예수님의 말을 듣던 그 당시 사람들은 예수님이 "너희가 기도할 때에 무엇이든지 믿고 구하는 것은 다 받으리라"(마 21:22)라고 하실 때 과장법을 사용하고 계심을 알았을 것이다. 그들은 부자가 되게 해달라고 기도하면 그대로 된다거나 로마 통치가 끝나게 해달라고 기도한다고 로마인들이 순순히 물러날 것이라고 생각지 않았다. 또 자신들에게 닥친 삶의 문제, 유혹, 실망, 질병과 같은 모든 것들이 믿음으로 기도한다고 하여 마법처럼 사라지거나 해결된다고도 생각지 않았다. 나는 제자들이 예수님이 "네 짐을 주님께 드려라. 기도할 때에 담대하라. 하나님이 네 기도를 들으심을 믿어라. 그리고 네가 완전히 이해할 수 없는 방법으로 주님은 네게 닥친 이 상황을 네가 헤쳐 나가는 것을 보고 계실 것이다."라고 말씀하고 계심을 이해했다고 생각한다.

나는 예수님께서 이렇게 직접적으로 말씀하셨다면 좋았겠다고 생각하지만, 우리가 성경에서 읽는 것은 주님의 과장법이고 그로 인해 하나님이 약속을 지키지 않으신다는 느낌을 받는다. 하지만 예수님이 과장법을 사용하고 계신다는 사실을 잘 받아들일 수 있다면 기도가 실제로 어떻게 '이루어지는지'에 관해 더 깊은 묵상을 할 수 있는 기초가 된다. 우리는 이 사실을 좀더 자세히 보겠지만, 우선 우리가 바라는 기도 응답이 왜 우리가 원하는 방식으로 우리가 원하는 그때에 이루어지지 않는지 그 이유를 함께 생각해 보고자 한다.

우리는 예수님의 말씀을 있는 그대로 받아들이기 원한다. 우리는 하나님이 뭔가 해 주시기를 바라며, 예수님의 이름을 사용하여 믿음으로 간구할 때에 우리가 요구한 대로 이루어지길 원한다. 그렇다면 그것이 왜 문제란 말인가?

만약 정말로 기도가 그런 식으로 이루어진다면 이 세상은 어떤 모습이 될까? 나는 십대일 때에 한 여자애에게 반한 적이 있었다. 만약 내가 그 애에게 데이트를 신청했을 때 그 아이가 수락하도록, 믿음으로 그리고 예수님의 이름으로 했던 내 기도가 이루어졌더라면 어떻게 되었을까? 그 아이가 별로 내키지 않는데도 내가 믿음으로 기도했기 때문에 하나님은 억지로 그 애가 내 데이트 신청을 받아들이게 만드셨을까? 누군가 기도했다는 이유로 하고 싶지 않은 일을 해야 하는 세상에 살고 싶은 사람이 있을까?

또 고등학교 시절을 생각해 보자. 고등학교 1학년인 내가 수학 공부를 열심히 하는 대신 그냥 "오, 주님, 내가 주를 믿사오니 시험지의 답을 알려 주세요. 주께 영광을 돌릴 것입니다. 주님은 수학 선생님보다 더 수학을 잘 아시는 줄 제가 압니다. 그리고 주님은 저를 위해 이 정도는 해 주실 수 있고, 또 그렇게 해 주실 것이라고 확실히 믿습니다. 예수님의 이름으로 기도합니다. 아멘."이라고 기도했다고 치자. 하나님은 그 기도에 응답하실까? 우리는 그러한 것들을 부정행위라고 한다.

그렇다면 아픈 사람을 위한 치유의 기도는 어떤가? 나는 치유를 위한 중보기도의 힘을 믿는다. 하지만 기도의 힘으로 모든 질병이 사라진다면 인간에게는 면역체계도, 의사도, 의료 연구도, 병원도 필요 없게 될 것이다. 우리는 자신의 건강을 위해 어떠한 조심도 할 필요가 없을 것이다. 우리에게 필요한 것은 그저 기도뿐일 테니까. 어찌되었건 그러한 방식은 예수님이 기도에 관해 우리에게 약속하실 때 의도하셨던 것은 아니라고 생각한다.

기도에 관한 예수님의 말씀을 문자적으로 적용한다면 궁극적으로 인간은 일할 필요도, 추구하고, 연구하고, 더 나은 미래를 위해 어떤 노력도 할 필요가 없을 것이라는 의미임을 이해해야 한다. 기도로 먹을 것을 구하면 '짠!' 하고 나타날 것이고, 돈을 위해 기도하면 즉각 돈을 가지게 될 것이며, 건강을 위해 기도하면 바로 자리를 털고 일어나게 될 것이니까 말이다.

응답되지 못한 신약의 기도들

그렇다면 잠시 성경에서 응답받지 못한 기도의 두 가지 예를 살펴보자. 하나는 사도 바울이 자신의 응답받지 못한 기도로 인해 고민하는 내용을 서술한 고린도후서 12장 7절에서 10절의 말씀이다.

"여러 계시를 받은 것이 지극히 크므로 너무 자만하지 않게 하시려고 내 육체에 가시 곧 사탄의 사자를 주셨으니 이는 나를 쳐서 너무 자만하지 않게 하려 하심이라 이것이 내게서 떠나가게 하기 위하여 내가 세 번 주께 간구하였더니 나에게 이르시기를 '내 은혜가 네게 족하도다 이는 내 능력이 약한 데서 온전하여짐이라' 하신지라 그러므로 도리어 크게 기뻐함으로 나의 여러 약한 것들에 대하여 자랑하리니 이는 그리스도의 능력이 내게 머물게 하려 함이라 그러므로 내가 그리스도를 위하여 약한 것들과 능욕과 궁핍과 박해와 곤고를 기뻐하노니 이는 내가 약한 그때에 강함이라"

바울이 말한 육체의 가시가 무엇이었는지는 정확히 모른다. 어떤 사람들은 '사탄의 사자'는 실제로는 '황반변성'이라는 시력의 손실을 가져오는 질병이라고도 한다. 만약 그것이 맞다면 바울은 눈병이 치유되기를 기도했던 것이다. 바울은 삶에서 여러 번의 기적을 체험했고, 하나님과 예수님에 대한 믿음과 신뢰가 있었기에 그는 치유를 위한 기도를 했다. 하지만 그가 받을 수 있었던 유일한 응답은 하나님의 은혜가 충분하고, 그의 몸이 약한 가운데에서도 하나님의 능력이 완전하다는 것이었다. 무슨 기도 응답이 이럴 수가 있을까?

그런데 놀라운 것은 바울이 그 안에서 큰 위로를 얻었다는 것이다. 하나님은 그를 치유하지 않으셨지만 그가 질병과의 싸움을 싸워 나갈 수 있도록 도우셨다. 그뿐 아니라 하나님은 바울의 약함마저도 사용하셨다. 만약 그 약함이 시력의 약화라면 이것은 바울이 더 겸손하게 하나님을 의지하도록 이끌었을 것이다. 바울이 만약 건강한 몸으로 순회설교를 다녔다면 무시할 수도 있었던 얘기에 사람들은 그가 가진 장애로 인해 귀를 기울이게 되었을 것이다. 바울은 비난을 받고 재해를 당하고 힘든 역경을 만나도 그것들은 하나님이 자신의 영혼을 온전하게 하시도록 역사하시는 기회가 된다는 것을, 그 힘든 일들이 선한 일에 사용된다는 것을 알게 되었고 "내가 약한 그때에 강함이라."라고 고백하게 되었다.

신약에서 응답받지 못한 기도의 두 번째 예는 겟세마네 동산에서 크게 괴로워하며 기도하셨던 예수님의 기도이다. 예수님은 "아버지여……이 잔을 내게서 거두소서"(눅 22:42, 그 잔은 고난의 잔이며 사망의 잔이었다. 예수님은 다음날 십자가에서의 죽음을 견디셔야 했다)라고 기도했다. 예수님 기도의 핵심은, "아버지 나를 이 고난에서 구원하여 주세요. 제가 검거, 수난, 고문, 십자가형을 겪지 않도록 도와주세요."였다. 하지만 하나님은 그 고난에서 예수님을 건져 주지 않으셨다. 결국 예수님은 십자가에 달리셨고, 그분은 하나님의 부재와 우리가 기도 응답을 받지 못할 때에 느끼는 것과 같은 종류의 좌절을 느끼셨을지도 모른다. 그리하여 "내 하나님이여 내 하나님이여 어찌 나를 버리셨나이까?"라는 시편 22편 1절의 기도를 하시게 된 건 아닐까! 하지만 우리는 하나님이 예수님을 버리지 않으셨다는 것을 안다. 하나님이 예수님의 고난과 사망으로 세상의 구원을 이루셨음을 안다. 그리고 예수님의 무덤이 텅 비고 그분은 3일 만에 부활하셨음을 안다.

지금까지 나눈 신약의 두 이야기들이 우리에게 가르치는 것은 무엇인가? 그것은 바로 하나님이 항상 우리의 기도를 들어주시는 것은 아님을 알려준다. 우리가 정말 간절하고 절실하게 믿음으로 드리는 기도를 하더라도 말이다. 더불어 하나님은 우리가 기도한 대로 우리의 기도에 응답하지 않으실지 모르지만 그렇다고 우리를 버리신 것은 아님을 그 이야기들은 말하고 있다. 또한 하나님은 우리가 요구하는 대로 우리를 구원하시지는 않아도 그 상황을 통해 일하심을 우리에게 알려준다. 바울의 장애는 바울 안에서 하나님의 능력이 펼쳐지고 바울 자신의 믿음이 깊어지게 하는 일종의 역설적인 은혜였다. 또한 예수님의 십자가형은 희생적인 사랑과 세계의 역사 안에서 인간의 구원이라는 하나님의 가장 강력한 신호가 되었다. 그것은 인류 구원을 위한 '하나님의 도구'가 되었다.

그렇다면 이러한 하나님의 일하심이 비단 신약시대에만 국한 된 것일까?

1976년 6월 16일이었다. 12살 헥터 피터슨은 소웨토(요하네스버그 남서부의 흑인 거주 지역-역주) 중심가에서 학생들이 벌이고 있던 아파르트헤이트(인종차별정책) 반대 집회에 참석하기 위해 집을 나섰다. 학생들은 인종차별정책을 행하는 정부의 규정, 즉 흑인 학생들이 좋은 교육을 받지 못하게 만들었던 정책에 대해 항의했다. 헥터와 친구들이 거리에서 집회를 하는 중에 경찰은 그들에게 발포하고 만다. 그날 20명이 죽었는데 그 중에는 어린 헥터도 있었다. 헥터의 어머니도 날마다 그의 안전과 안녕을 위해 기도했을 텐데, 안타깝게도 그 기도들은 응답되지 않았다.

하지만 헥터가 살해되던 소웨토의 바로 그 장소 가까이에 샘 은지마(Sam Nzima)라는 사진기자가 서 있었다. 그는 생명이 스러져 축 쳐진 헥터를 친구가 울면서 안고 가고 그 옆에서 그의 여동생이 절규하며 따라가는 모습을 사진으로 잡아냈다. 은지마의 사진은 신문에 실려 세상에 퍼졌고, 흑백분리정책이라는 악의 맨얼굴을 보게 되었다. 그리고 이 한 장의 사진은 남아프리카 아파르트헤이트(Apartheid)의 종식을 가져오는 단초가 되었다.

이렇듯 응답되지 않은 기도는 세상을 바꾸는 사건을 이끌기도 한다. 하나님은 악한 일이 발생하기를 바라시지 않는다. 1장에서 보았듯이 하나님은 무고한 자녀의 죽음을 원하지 않으신다. 그럼에도 세상에는 고통과 비극이 끊이지 않는데, 그 고난의 사건들도 하나님의 손에 놓일 때에는 구원사적으로 사용하신다.

안타깝지만 사람을 긍정적으로 변화시키고, 박해의 벽을 허물며, 인류의 구원과 변화를 이끌어내기 위해서는 필연적으로 고난과 도전, 그리고 역경이 필요하다. 그렇다면 하나님은 우리를 더 나은 사람으로 만들기 위해 그런 비극들을 우리 삶에 불러들이고 그것이 일어나게 허용하신단 말인가? 정녕 하나님은 그런 분인가?

아니다. 그것은 사도 바울의 말처럼 하나님을 통하면 "하나님을 사랑하는 자 곧 그의 뜻대로 부르심을 입은 자들에게는 모든 것이 합력하여 선을"(롬 8:28) 이룬다는 의미이다.

좀더 가벼운 예를 들어보자. 최근 교인 한 사람과 이야기를 나누었는데, 그는 여러 해 전에 교회 사무실에 와서는 하나님이 왜 기도에 응답하지 않으시는지 그 이유를 알고 싶다고 하면서 눈물을 흘렸었다. 그의 아내가 그를 떠났는데 그는 여전히 아내가 돌아오기를 간절하게 바라고 있었다. 우리는 여러 번 만났고, 그때마다 그는 내게 자신의 결혼생활을 치유해 달라는 기도를 부탁했다. 하지만 그럼에도 그 기도는 받아들여지지 않았다.

그러나 흐르는 세월 따라 하나님은 그를 변화시키셨고, 점차 성숙한 신앙을 가진 사람이 되었다. 여러 해가 지나 그는 한 여자를 사랑하게 되었다. 나는 그 결혼의 주례를 섰으며, 이제 그들은 전에는 감히 알 수 없었던 기쁨으로 가득한 삶을 나누고 있다. 얼마 전 예배가 끝난 후 그는 내게 이렇게 말했다. "제가 예전에 목사님 사무실에 가서 아내를 돌려 달라고 하나님께 애걸하는 기도 부탁을 드렸던 것 기억하세요? 하나님이 그때 제 기도를 들어주시지 않아 낙심했지만, 지금은 그 이유를 알게 되었어요."

하나님이 기도에 응답하시는 방법

그렇다면 이제 당연히 따라올 최종적인 몇 가지 질문이 생겨난다. "하나님은 어떤 식으로 기도에 응답하실까?" 1장에서 우리는 하나님이 지구를 다스리는 '지배권'을 인간에게 주셨다는 것을 알았고, 또 그 의미는 이 땅을 관리하고 가꾸게 하신 것이라고 했다. 하나님이 뭔가 이루어지기를 원하실 때에는 대개 사람을 보내신다는 것도 알았다. 결론적으로 나는 우리 삶에서 일하시는 하나님의 방식은 일반적으로 겉으로는 평범해 보이는 수단을 통해서라고 생각한다. 하나님은 그 스스로 창조하신 자연법칙을 거스르거나 하나님의 일을 하기 위한 하나님의 피조물인 인간을 건너뛰지 않으시고, 자연법칙과 사람을 통해 일하시는 것이 대부분이다.

성경에서도 하나님의 이러한 방식이 주를 이루고 있으며, 그건 오늘날에도 마찬가지이다. 물론 나는 기적이 일어날 수 있다고 믿는다. 그러나 기적은 그 말의 정의처럼 드물게 일어나기 때문에 기적인 것이다. 기적은 하나님의 일반적인 방식이 아니다. 기적이 일어나는 그 순간에는 우리가 항상 알지 못하는 이유들로 인해 기적이 발생하지만, 그것들은 예외이지 법칙은 아니다. 대부분의 경우에 하나님은 우리를 부르시고, 우리의 마음을 움직여 일하게 하신다. 그렇게 되면 우리는 다른 사람의 기도에 응답하기 위해 하나님이 사용하시는 도구가 되는 삶을 살게 되는 것이다.

이렇듯 하나님은 오늘 이 시간, 우리가 다른 사람의 기도 응답이 되기를 바라시는 것이다. 그렇다면 내게 맡겨진 과제의 일부는 긴밀히 말씀하시는 성령님께 귀를 기울이고, 다른 사람에게 복이 되어 그들을 사랑하고, 그들을 위해 일어서는 행동을 하는 것이다.

내가 목회하는 교회에서는 말라위를 위한 선교사역을 하고 있다. 위의 맥락으로 생각해 보면, 우리 교회가 말라위에 가서 우물을 파고 학교와 교회를 짓는 것은 자녀들에게 더 나은 미래를 주기 위해 기도하던 말라위 사람들의 기도에 대한 응답인 것이다. 반대로 그들은 우리를 변화시키시어 가꾸어 가시고, 우리에게 기쁨을 허락해 달라는 우리의 기도에 대한 하나님의 응답인 것이다.

내가 두 번째로 이해하게 된 것은 하나님은 내 기도를 들어주기 위해 다른 사람의 자유 의지를 꺾지 않으신다는 것이다. 나는 누군가가 그리스도를 믿는 믿음을 가지게 해 달라고 기도하거나, 다른 사람이 내가 원하는 가격에 내 집을 사가기를, 또는 나를 사랑해 달라는 기도를 할 수 있다. 하지만 그렇다고 하나님이 그 일들을 억지로 다른 사람에게 강요하시기를 기대할 수는 없다. 좀더 신실한 신앙인이라면 내가 효과적으로 예수님을 증거하기를, 내 집에 적절한 가격을 매기기를, 그리고 누군가의 사랑을 받을 만한 가치가 있는 사람이 되기를 기도할 것이다. 하나님은 내 기도에 응답하시기 위해 다른 사람의 자유 의지를 꺾지 않으실 것이기 때문이다.

인생을 살면서 종종 경험한 고난이나 적대적 상황에서 내가 드렸던 기도에 대한 하나님의 응답은 나를 또는 다른 사람들을 그 고난에서 구원하시는 것이 아니라, 그 상황에서도 우리와 동행하신다는 것이었다.

그렇지만 이러한 모든 것들에도 불구하고 하나님이 절대로 기적을 일으키시지 않는다는 말은 아니다. 하나님은 기적을 행하실 수 있다. 나 또한 기적적인 하나님의 개입을 체험하고 증거하는 사람이다. 기적을 바라며 기도하는 것은 괜찮다. 구하는 것은 전혀 잘못이 아니다. 그러나 기적은 잘 일어나지 않기 때문에 기적이다. 하나님이 세상에서 일하시는 주된 방식은 하나님의 목적을 이루기 위해 하나님이 창조하신 자연적인 수단을 사용하여 우리와 다른 사람들에게 영향을 주는 평강과 능력, 그리고 지혜와 인내의 방식이다. 하나님은 기적으로 일하실 수도 있지만 주로 의사의 손과 상담가의 언어와 친구의 존재를 통해서, 다시 말해 우리를 통해 주로 일하신다.

오랜 시간 목회를 하면서 자주 듣는 질문이 있다.
"나쁜 일이 생겼다고 해서 하나님을 원망하지 않는데, 잘된 일은 하나님의 공으로 놀리는 이유는 뭔가요?"

나는 신앙인이라면 한번쯤은 해결해야 할 좋은 질문이라 생각한다. 예를 들어 끔찍한 교통사고가 나서 그 차에 탄 다른 사람들은 죽었는데 혼자 살아난 사람이 하나님께 감사하는 장면을 떠올릴 수 있겠다. 아니면 아이티 지진이 일어났을 때, 가족을 잃은 사람들이 많은데 자신의 가족은 아이들을 포함하여 모두 안전하다고 하나님께 감사하는 말을 듣는 경우를 생각해 보자.

그런 비극적인 상황에서 구원을 받은 것에 대해서는 당연히 하나님께 감사를 표현해야 마땅하다. 당신이 목숨을 건진 것은 정말 하나님이 당신을 구하기 위해 개입하신 것일 수도 있으니까. 나도 그런 경험이 있다. 16살 때였는데 끔찍한 교통사고를 당했었다. 시속 65킬로미터 정도로 가던 내 차를 보지 못한 앞차가 갑자기 정차를 하였다. 나는 어쩔 수 없이 그 차를 세게 박고 말았다. 안전벨트를 매지 않은 상태였기 때문에 내 몸이 자동차의 앞 유리 밖으로 튕겨져 나갈 정도로 충격이 컸다. 실제로 내 차에 있던 것들은 모두 그렇게 되었다. 그런데 이상하게 뭔가가 나를 붙잡는 것이 느껴졌다. 상대방 자동차에 있던 사람은 아무도 다치지 않았고 내 차만 폐차가 되었다. 나는 그 당시에도 그리고 지금도 어떤 이유로 인해 하나님이 그날 그 사건에 개입하셔서 당신이 세우신 물리법칙을 위반하시고 나를 구하셨다고 생각한다. 그리고 그것이 하나님이 일반적으로 일하시는 방식이 아님을 나는 안다. 나는 하나님이 그 당시에는 내가 미처 알지 못하던 어떤 목적을 이루시기 위해 나를 구원하셨던 것이라고 결론지었다.

하지만 요즘은 아무리 가까운 곳을 가더라도 안전벨트를 꼭 매고 다닌다. 그날 하나님이 나를 살리셨던 목적의 일부는 이미 다 이루셨던 것이라고 생각하기 때문이다. 지금 나는 하나님의 일반적인 세상 운영 방식인 하나님이 세우신 물리법칙을 믿고 있다. 그 법칙에 의거하면 안전벨트를 매지 않고 있다가 다시 그와 비슷한 상황에 처했을 때에는 죽음에 이르게 될 것이다.

그렇다면 하나님은 우리 기도에 직접 개입하셔서 기적을 일으키시거나 우리가 잘못될 상황에서 보호하실 수 있을까? 답은 긍정적이지만, 그것이 하나님이 일반적으로 일하시는 방식은 아니다. 하나님의 방식은 그분이 만드신 자연법칙 안에서 그리고 하나님을 대신하여 이 땅을 가꾸라는 책임을 받은 인간에게서 찾을 수 있다.

다시 원래의 질문으로 돌아가자. 우리가 나쁜 일에 대해 하나님을 탓하지 말아야 한다면 우리 삶에서 일어나는 좋은 일에 대해서는 왜 하나님께 감사해야 하는가? 우리는 자연재해에 대해 하나님을 비난하지 않는다. 왜냐하면 우리는 지구를 지탱하는 자연의 힘이 때로는 인간에게 위협이 되는 세상에서 살고 있으며, 그러한 악이 세상에서 일어날 수 있다는 것을 인정하기 때문이다. 자연의 힘은 그 자체로는 선하지만 그 힘이 우리에게 작용될 때에는 간혹 무서운 결과를 낳을 수도 있다. 우리는 병이 났다고 하나님이 그 원인이라고 원망하지 않는다. 우리의 몸은 매우 정교하게 이루어져 있지만 천하무적이 아니며, 살아 있는 생명체에는 질병이라는 위험이 따름을 인식하고 있기 때문이다. 우리는 자신이나 다른 사람의 잘못된 결정에 대해 하나님에게 책임을 묻지 않는다. 왜냐하면 그것은 하나님이 우리에게 자유를 주신 결과임을 알기 때문이다.

상상할 수 없는 자연의 힘, 놀랍고 대단하지만 연약한 인간의 몸, 그리고 인간의 자유 의지는 모두 좋거나 나쁜 결과를 가져올 수 있는 잠재력을 가진 하나님의 선물이다. 그렇다면 인간이 이 땅을 살아가면서 겪는 자연재해, 질병, 다른 사람들의 잘못된 선택들을 하나님의 탓으로 돌려야 할까?

이 질문에 다른 식으로 답해 보겠다. 성탄절에 나는 아내에게 매우 잘 드는 주방 칼을 한 세트 선물하였다. 아내는 빵을 자르느라고 처음 칼을 꺼내 쓰다가 그만 손가락을 살짝 베고 말았다. 벤 정도가 심하진 않았지만 아파했다. 아내는 칼을 준 나에게 화를 낼 수도 있었지만 그렇게 하지 않았다. 칼이 선물이라는 것을 알기 때문이었다(게다가 그 칼은 그녀가 원했던 것이다).

우리는 하나님이 모든 좋은 것들의 궁극적 원천이라는 것을 알기 때문에 그것들에 대해 하나님께 감사를 드린다. 밥을 먹을 때마다 나는 자리에 앉아 음식을 주신 하나님께 감사한다. 그것은 내가 그 밥이 난데없이 기적적으로 내 앞에 나타난 것이 아님을 알기 때문이다. 나는 누군가가 그 식재료를 키우고, 누군가가 그것을 시장에 가져다 두었으며, 누군가가 나를 위해 요리했다는 것을 안다.

그러기에 나는 이 지구의 정당한 주인이 되시며 그것이 잘 돌아가도록 여건을 만들어 주시고, 생명을 지탱하고 우리가 여기에 존재하도록 하는 모든 자연적인 자원을 우리에게 주신 하나님께 감사한다. 나의 감사는 우리에게 오는 모든 선한 것의 궁극적 원천이 하나님이심을 인정하는 행위이다.

나는 내가 먹는 음식에 대해, 내가 병에 걸렸다가 치유되는 것에 대해, 내 아이들에 대해, 푸른 하늘에 대해, 또 누군가의 기분이 좋아졌다는 소식에 대해 하나님께 감사한다. 왜냐하면 하나님은 궁극적으로 이 모든 좋은 것들의 주관자이시기 때문이다.

기도의 자동판매기

하나님은 우리가 기도라는 동전을 집어넣으면 기적이라는 제품이 튀어나오는 자동판매기가 아니다. 나는 페이스북 친구들에게 기도에 대한 생각을 알려 달라고 요청한 적이 있었다. 그중에 '짐'이라는 사람은 "기도를 '응답되어야 하는 어떤 것'으로 생각하는 것 그 자체가 잘못이다. 기도는 '관계에 들어가는 것'이거나 '하나님께 내 삶을 드리는 것'이다. 그것은 교환이라기보다는 내어드림이나 소통에 더 가까운 것이다."라고 했다. 나도 그의 생각에 동의한다.

이와 비슷하게 '앤'은 이렇게 응답했다. "세상을 어떻게 움직이라고 하나님에게 지시를 내리는 방법으로 기도를 사용하는 경우가 너무 많다. 하지만 나는 기도는 그저 하나님과의 대화라고 생각한다." 더불어 그녀는 좋은 비유를 하나 들었다. "기도는 우리가 어려서 아프면 엄마 무릎 위에 올라가 위로를 얻으려 했던 경험과 유사한 것 같다. 그럴 때에 엄마가 우리를 대하는 방식은 그저 꼭 안아 주고 곧 괜찮아진다고 하면서 달래 주는 것이었다. 그저 그것만으로도 우리는 충분했다."

앞에서 언급했던 여러 사람들의 기도에도 불구하고 태중의 아이를 잃어서 절망했던 한 여성의 이야기를 기억하는가? 그녀는 오랜 시간 하나님에 대한 믿음을 회복할 수 없어 힘들어 했다. 하지만 시간이 지나자 암울했던 당시를 회고하며 자신의 불신앙과 분노 가운데에서도 그녀를 지켜주셨던 하나님의 위로와 임재를 고백해 왔다.

하나님을 향한 그녀의 질문은 "하나님, 왜 내게 이런 일이 일어났을까요?"에서 "하나님, 이젠 어떻게 해야 할까요?"로 바뀌었고, 시간이 흐르면서 하나님이 아이가 죽기를 원하셨던 것도 아니고, 일반적으로 우리가 상상하는 악한 일이 일어나지 않도록 기적적인 일에 개입하시지도 않는다는 점을 이해하게 되었다.

하나님은 그녀와 함께 걸으셨고, 그녀를 위로하시고, 결국에는 그녀를 고통에서 불러내어 러시아 세 자매의 기도에 응답하게 만드셨다. 그녀와 남편에게 자매를 입양할 수 있는 마음을 주셨고, 엄마, 아빠, 세 명의 자매로 이루어진 다섯 가족으로 새로운 삶을 살고 있다는 소식을 전했다. 그녀는 이메일의 끝을 하나님의 축복에 대한 한없는 감사로 마쳤다.

제2차 세계대전의 영웅 체스터 니미츠(Chester william Nimitz) 제독의 기도로 이번 장을 마치고자 한다. 그는 자신이 평생 경험한 내용을 아래의 기도에 담아 고백했다.

많은 것을 성취하기 위해 하나님께 힘을 구했더니
겸손히 섬기는 일을 배우도록 약하게 만드셨네.
위대한 일을 하고자 건강을 구했더니
더 선한 일들을 하도록 질병을 주셨네.
행복하려고 부자가 되기를 구했더니
지혜롭게 살도록 가난을 주셨네.
세인의 칭찬을 얻기 위해 능력을 구했더니
하나님이 필요함을 절감하도록 약함을 주셨다네.
인생을 즐기기 위한 만 가지를 구했더니
만 가지를 즐길 수 있는 생명을 주셨네.
내가 구한 것은 아무것도 얻지 못했지만
참으로 바라던 것은 모두 이루어졌다네.
내가 기도했던 것들은 아무것도 얻지 못했으나
내가 말로 하지 않았던 기도들이 응답되었네.
나는 모든 사람들 중에서 가장 큰 축복 받은 부요한 자라네.

나는 기도란 이런 것이라고 생각한다.

WHY

제3장

왜
나는
내 인생에 대한
하나님의 뜻을
알지
못하는가

WHY

나는
내 인생에
대한
하나님의
뜻을 알지
못하는가

우리도 듣던 날부터 너희를 위하여 기도하기를 그치지 아니하고 구하노니 너희로 하여금 모든 신령한 지혜와 총명에 하나님의 뜻을 아는 것으로 채우게 하시고 주께 합당하게 행하여 범사에 기쁘시게 하고 모든 선한 일에 열매를 맺게 하시며 하나님을 아는 것에 자라게 하시고

골로새서 1:9~10

그러므로 형제들아 내가 하나님의 모든 자비하심으로 너희를 권하노니 너희 몸을 하나님이 기뻐하시는 거룩한 산 제물로 드리라 이는 너희가 드릴 영적 예배니라 너희는 이 세대를 본받지 말고 오직 마음을 새롭게 함으로 변화를 받아 하나님의 선하시고 기뻐하시고 온전하신 뜻이 무엇인지 분별하도록 하라

로마서 12:1~2

자기 밭에서 일을 하던 한 농부가 있었다. 그는 밭을 갈면서 이렇게 기도했다. "주님, 제 인생에 대한 주님의 뜻은 무엇인가요?" 그런데 기도를 마치고 하늘을 보니 놀랍게도 커다란 구름 두 덩이가 글자 같은 것을 만들어 보이는 것이 아닌가! 머리 위를 떠가는 그 구름을 자세히 보니 글자가 두 개가 선명하게 나타났다. "P. C." 그는 잠시 그것이 무슨 뜻인가 생각해 보았다. 그 글자는 자신의 기도에 대한 응답인 것이 분명했다. "저건 분명 하나님이 내게 '그리스도를 전파하라(Preach Christ)!'라고 하시는 게 틀림없어." 이렇게 생각하자 전율이 온몸을 타고 흘렀다. 하나님이 자신에게 어떤 계시를 주신 것임을 깨달았기 때문이었다. 하나님이 그에게 목사나 전도사가 되라고 부르시고 계신 것이다!

그는 밭을 갈던 쟁기를 그대로 밭에 던져 두고 친지들에게 자신이 목회자로 부름 받았다고 선언했다. 그 후 그는 부르는 곳이면 어느 교회에나 가서 설교를 했다. 하지만 그의 설교는 형편없었으며 그의 사역에는 결실이 없었다. 그는 실망했다. 한 해가 지나 그는 다시 자신의 농장으로 돌아왔다. 친지들이 와서 물었다. "어떻게 된 건가? 우리는 자네가 하나님의 부름을 받아 목사가 된 줄 알았네." 그러자 그가 답했다. "나는 이제야 P. C. 가 'Preach Christ'의 약자가 아니라 'Plant

Corn(옥수수를 심으라)'이라는 것을 알았다네."

그 농부의 사례처럼 하나님의 뜻을 분별하는 일은 쉬운 일이 아니다. 우리는 어떻게 하나님의 뜻을 알 수 있을까?

이번 장에서는 하나님의 뜻을 분별하는 방법에 대해 이야기해 보려 한다. 하지만 그 전에 우리가 생각해 보아야 할 매우 중요한 질문들이 있다. 즉, 하나님의 뜻은 우리가 지켜 살아야 하는 일련의 원칙이나 계율인가? 하나님은 우리가 내리는 모든 결정에 대해, 우리의 모든 행동에 대해, 그리고 우리 인생의 모든 상황에서 구체적인 뜻을 가지고 계시는가? 질문은 또 다른 질문으로 이어진다. 하나님의 뜻은 저항할 수 없는 것인가? 다시 말해 모든 일이 하나님의 뜻에 의해 예정되어 있는 것인가? 하나님은 우리가 하나님의 뜻과 계획을 거부할 자유를 주셨는가? 이러한 질문들을 살펴본 연후에 우리의 삶에 대한 하나님의 뜻을 아는 방법으로 다시 돌아가 보자.

당신의 인생은 이미 다 완성된 이야기인가, 아니면 지금도 작성되고 있는 중인가?

온 세상은 무대요,
모든 남자와 여자는 한낱 배우에 지나지 않는다.

그들은 퇴장하고 또 등장한다.

한 사람은 그의 일생에 여러 편을 연기한다. (2막 7장)

이는 셰익스피어의 희극 "뜻대로 하세요"(As You Like It)의 일부분이다. 인생을 연극에 비유한 사람이 셰익스피어가 처음은 아니다. 이 비유를 사용하여 하나님의 뜻을 생각해 보자. 그리스도인들은 종종 '당신의 인생에 대한 하나님의 계획'이라는 말을 한다. 그 말은 하나님의 계획은 마치 연극의 대본같이 사전에 하나님이 작성해 두셨다는 뜻이다. 이 생각을 뒷받침하는 내용이 성경에도 몇 군데나 나온다. 그중의 하나가 시편 139편 16절이다. "나에게 정하여진 날들이 아직 시작되기도 전에 이미 주님의 책에 다 기록되었습니다."(새번역)

하나님은 당신이 태어나기도 전에 당신의 인생에 대해 완벽하고 완전한 계획을 짜놓으셨다는 말인가? 우리가 하는 모든 행동과 우리에게 일어나는 모든 일과 우리가 내리려는 모든 결정이 이미 하나님에 의해 예정이 되어 주님의 책에 기록되어 있으며, 우리는 그저 하나님의 무대에서 공연하는 '한낱 배우'에 지나지 않는다는 말인가? 많은 사람들이 그렇게 믿고 있다. 별다른 의문도 없이 말이다.

이런 관점에는 여러 논리적인 문제들이 따른다. 가장 심각한 반론은 우리가 앞서 1장에서 보았던 그 내용이다. 즉, 모든 일이 하나님의 예정하신 계획대로, 하나님의 대본대로 일어난다면, 세상의 모든 고문, 강간, 잔인함, 인종청소, 불의에 대한 책임이 궁극적으로 하나님께 돌아간다. 그렇다면 우리가 인간의 역사를 통해 보는 모든 악들은 하나님으로부터 오는 것이다. 이는 자비가 많으시고 사랑이 넘치시며 공의로우신 하나님에게는 실로 불가능한 것으로 보인다.

여기 또 다른 반론이 있다. 우리가 겨우 하나님이 이미 써놓으신 연극 대본 안에서 연기를 하는 것에 불과하다면 인생에 어떤 의미가 있겠는가? 만약 모든 사건과 모든 대사가 하나님이 예정하신 대로라면 일상생활은 하나님의 오락의 대상이 되는 것 외에는 다른 아무런 목적이 없어 보인다. 하지만 어떻게 하나님이 이러한 것들을 오락으로 여기실 수 있겠는가? 수백만 년 동안 자신이 예정한 대로 움직이고 예정한 대로 말하는 인간을 보는 것이 어떻게 오락이 될 수 있겠는가?

나는 캔자스시티의 미식축구 팀 치프스의 팬이다. 그런데 대부분 경기가 주일 오후 12시나 오후 3시에 시작한다. 공교롭게도 저녁예배를 위해 집에서 4시에는 출발해야 하기에 경기를 보지 못할 때가 있다. 경기를 보고 싶은 욕심에 녹화를 시켜 두기도 하지만 녹화방송을 볼 때까지 참지 못하고 결국

예배가 끝나자마자 경기 결과를 확인하고 만다. 그러니 집에 돌아와서는 녹화방송을 보지 않게 된다. 치프스가 졌으면 아예 보기가 싫었고, 이겼다 하더라도 이미 결과를 알아 버렸으니 어떻게 이겼는지를 알기 위해 3시간이나 앉아 있을 만큼의 흥미는 사라졌다.

이와 마찬가지로 모든 일이 예정하신 대로 벌어진다면 아무리 창조주라 하더라도 인간의 행위에 무슨 관심이 갈까 하는 생각이 든다.

예정론에 대한 세 번째 반론은 바울이 로마서에서 인정하기는 했지만 (내 생각에) 완전히 해결하지는 못한 질문이다. 만약 우리가 한낱 하나님이 작성해 둔 대본대로 움직이는 것에 불과하다면 우리가 잘못한 일에 대해 벌하시고 잘한 일에 대해 상을 주시는 이유는 무엇인가? 결국 우리는 그저 하나님이 조정하시는 대로 행동할 따름이지 않은가! 하나님이 결정한 일에 대해 우리에게 책임을 물어 벌하신다면 하나님의 공의는 어디에 있는가?

이러저러한 이유들로 많은 사람들이 하나님은 미리 정해 놓으신 계획을 가지고 계시며, 또 그 계획은 변경될 수 없다는 논리를 거부한다.

다른 어떤 사람들은 하나님은 우리 인생에 대한 완벽한 계획, 그러니까 우리가 그 원고대로 따르기만 한다면 하나님의 뜻에 맞게 온전한 삶을 살 수 있지만, 그 뜻을 따르거나 거부하거나 선택할 수 있는 자유를 우리에게 주셨다고 주장하기도 한다. 하지만 이러한 시각이 가진 문제는 하나님이 우리 인생에 대한 대본을 우리에게 주시지 않았기에 우리가 그것을 발견하도록 노력해야 한다는 데에 있다. 그러나 아무리 하나님이 우리를 향한 완벽한 뜻을 품고 계시다 하더라도 우리가 그 뜻을 놓치지 않을 수 있게 순간순간 명확히 나타나는 일은 거의 없다. 옥수수를 심으라는 말과 그리스도를 전파하라는 말이 혼동되었던 농부처럼 말이다.

그러한 주장은 더 많은 의문을 제기한다. 만약 하나님이 우리 인생의 중요한 결정에 대해 완벽한 계획을 갖고 계시지만 우리에게 그 내용을 알려주지 않으시고 우리가 그 길에서 벗어나는 것을 허용하신다면 나는 단 한 번의 실수로도 전체 계획 자체를 폐기해 버릴 수 있게 된다. 예를 들어 하나님의 완벽한 의지는 내가 캔자스 대학에 진학하는 것이었는데 내가 하나님의 뜻을 오해하여 미조리대학을 갔다고 가정해 보자. 하나님의 완벽한 계획은 내가 캔자스 대학에서 최고녀를 만나서 결혼하고 아이를 가지는 것이었는데, 나는 미조리 대학을 가서 차선의 여성과 결혼하고 아이를 낳게 되었다(그럴 경우

차선녀는 최고남을 만나지 못하고 대신 내가 그녀의 차선남이 되는 셈이다!). 우리 아이들은 하나님의 완벽한 계획에는 전혀 들어 있지 않을 것이므로, 그들에게는 인생의 대본 자체가 없는 셈이 된다. 이런 일이 어떻게 가능하겠는가? 나는 도저히 논리적으로 그것을 받아들일 수 없다.

그런 이유로 나는 하나님이 우리가 태어나기 전에 대본을 완성해 두었다는 논리에 대안을 제시하고 싶다. 우리에게 생명을 주신 하나님이 우리의 인생 이야기를 같이 쓰자는 협업을 제안하시는 것이라면 어떤가?

나도 다른 작가와 책 한 권을 협력해서 저술해 본 경험이 있다. 내가 기본적인 개념을 잡고 핵심 논리를 정하면 다른 작가가 거기에 스토리라인을 입히고 발전시켜서 캐릭터를 더하고 그에 따라 플롯을 조정하였다. 거기에 나는 대화와 상세 내용을 추가하고 다른 몇 가지를 고쳐서 이야기를 완성하였다. 그 책의 저자로서 나는 기본 플롯, 주제, 그리고 결말을 책임지겠다고 생각했지만, 작업을 하다 보니 어디가 내가 쓴 부분이고, 어디가 동료 작가가 쓴 부분인지 구분할 수가 없게 되었다. 그렇다면 우리 삶의 이야기들도 이와 유사하지 않을까?

우리 삶의 이야기도 하나님이 큰 그림을 그려 주시고 그 세밀한 내용에 대해서는 하나님이 개입하지 않으신 채로 우리 자신이 채울 수 있도록 혹은 하나님과 함께 합작하여 이야기를 써 나갈 수 있도록 우리에게 선택권을 주시는 것은 아닐까? 물론 우리는 인간이므로 우리 이야기는 죄와 악의, 갈등과 두려움, 절망과 죽음을 포함할 수밖에 없다. 이로 인해 하나님에게서 멀어진 사람의 이야기에는 그 부정적인 내용을 치유할 수 있는 용서와 승리, 화합과 평화, 소망과 구원이라는 요소가 누락되어 있을 것이다. 더 나아가 자기 인생의 이야기를 하나님과 별개로 써 나가고자 한다면, 거기에는 마땅히 있었을 아름다움과 감흥도 빠져 있을 것이다.

이렇듯 우리 인생에 대한 하나님의 계획은 이미 다 완성된 대본이 아니라, 우리가 날마다 하나님과 함께 그 내용을 채워 가는 한 줄 한 줄의 현재진행형 대본이라 믿는다. 그렇다면 모든 결단, 모든 만남, 모든 도전은 우리에겐 인생 스토리를 적는 일에 하나님과 협력할 수 있는 기회가 되는 셈이다. 그리고 우리가 그러한 협업에 하나님을 초대할 때 우리의 이야기는 구원과 사랑, 그리고 소망의 스토리가 될 것이다.

하늘의 부모님이신 하나님

내 아내 라본과 나는 두 딸을 두었다. 하나님과 함께 우리 부부는 그 아이들의 탄생에 책임이 있다. 두 아이 모두 우리 부부의 DNA와 인격적 특질을 가지고 태어났다. 우리는 그들에 대한 소망과 꿈을 가지고 있으며, 그것을 그들 인생에 대한 우리의 뜻이라고 부를 수 있다. 우리의 뜻은 그들이 하나님을 믿고 다른 사람을 사랑하며 성실한 인품을 가지고 인생을 발전시키고자 노력하는 것이다. 우리는 그들이 살면서 기쁘고 행복하기를, 그리고 주변에 늘 좋은 친구가 있기를 바란다.

내 말의 요지는 우리 부부가 자녀들의 삶의 모든 부분, 예를 들어 누구와 결혼할 것인지, 어떤 직업을 가질 것인지, 어디에서 살 것인지 등을 다 계획하지 않았다는 것이다. 심지어 우리에게 가장 중요한 것들인 하나님을 믿고 신뢰하며 이웃을 사랑하는 것조차 부모라고 해서 자녀에게 강요할 수 있는 것은 아니다.

우리는 딸들에게 현명한 판단을 할 수 있는 도구를 주었고 그들의 가치관을 형성시켰을 뿐이며, 이제 성인이 된 그들은 스스로의 선택에 따라 살아가고 있다. 그들은 우리가 축하하고 기뻐할 결정들도 했지만, 어떤 사안들은 부모로서 마음이 무너지기도 했다. 우리는 자녀들이 도움을 요청할 때면 기꺼이 부모로서의 조언을 아끼지 않는다. 또한 어려움에 처했을 때에는 당연히 돕니다. 우리는 언제나 그들을 사랑한다. 부모가 된 기쁨 중의 하나는 자녀가 어떤 결정을 내릴지 지켜보는 것이다. 또 성장한 자녀를 둔 부모는 그들이 부모에게 와서 지혜와 조언을 구할 때 기쁨을 느낀다.

일련의 구체적 행동들을 미리 정해 둔 것이 아니라면 우리 인생에 대한 하나님의 계획은 하늘에 계신 부모의 마음이라고 할 수 있지 않을까? 하나님의 뜻은 우리가 이 직업을 가질 것인지 말 것인지, 그리고 이 일을 할 것인지 말 것인지 등의 것들보다는 하나님을 사랑하고 이웃을 사랑하기를 구하는 것에 더 큰 비중이 있는 것이다. 만약 하나님이 우리를 위한 결정을 내리는 것보다는 결정을 내리는 우리를 지켜보시는 것을 더 기뻐하신다면? 하나님의 자녀인 우리가 어떤 판단을 내릴 때에 하나님의 충고와 지혜를 구하려고 애쓰는 것에 기뻐하신다면?

이것이 하나님의 뜻이자 계획일 것이라고 나는 생각한다. 하나님의 의도는 우리 이야기가 구원과 사랑, 믿음과 용기에 관한 것이 되게 만드는 것이다. 물론 그 이야기에는 중간에 비틀림과 꼬임도 있고, 하나님이라면 선택하시지 않았을 방향으로 이야기가 흘러갈 때도 있을 것이다. 또 우리가 전담하여 쓴 부분들도 많은 자리를 차지하고 있을 것이다. 하지만 하나님의 영감과 아이디어를 듣고 함께 인생을 써내려 간 그 부분이 전체 스토리에서 가장 멋진 장면이 되지 않을까?

하나님의 처방전

내 의견이 맞는다면 하나님의 뜻은 우리가 어떤 결정을 내릴지에 대한 구체적인 계획이 아니라, 우리가 어떻게 판단할 것인지에 더 가까울 것이다. 누구와 결혼할지, 어떤 직업을 구할지에 관한 것이라기보다는 우리가 배우자를 온전하게 사랑하고 직장에서도 이웃과 더불어 믿음을 온전하게 지키며 살아가기를 구하는 것일 것이다.

나는 하나님의 뜻에 대한 이러한 생각을 때로 하나님의 '처방전'(prescriptive will)이라고 부른다. 처방전은 어떤 권위자가 주로 글의 형태로 내리는 지시를 말하며, 대개는 상태의 개선을 가져오는 것에 그 목적이 있다. 그래서 의사의 처방전은 약물에 대한 지시와 함께 어떻게 복용할 것인가에 대한 지시도 들어 있게 마련이다. 식이요법이나 신상증신을 위한 운동도 처방이 될 수 있다. 재정 컨설턴트라면 당신의 돈을 어디에 어떻게 사용하고 투자할 것인지에 대한 처방을 내려 줄 것이다.

하나님의 처방전은 우리가 영적 건강과 관계의 건강을 누리도록 우리에게 주신 지시이다. 우리는 성경에서 하나님의 뜻이 담긴 처방전을 발견할 수 있지만, 그렇다고 정확히 의사의 처방문과 같지는 않다. 우리는 성경 말씀을 본문 안에서 그것들이 쓰인 문화적 배경을 고려하여 읽어야 하며, 그 속에서 시간의 제약을 넘어선 원칙을 찾아야 한다. 그렇게 할 때 우리는 우리 인생에 대한 하나님의 뜻을 다채롭게 발견하게 된다.

성경에 들어 있는 이러한 처방전 구절에서 가장 익숙한 한 부분을 살펴보기로 하자. 그것은 바로 십계명(출 20:1-17)이다. 이 계명들은 일상생활에서 하나님의 뜻이 무엇인지를 이해할 수 있도록 돕는다. 그 십계명을 간략하게 정리해 보자.

내 앞에서 다른 신을 두지 말라.

어떤 우상도 만들지 말라.

하나님의 이름을 함부로 쓰지 말라.

안식일을 지켜라.

네 부모를 공경하라.

살인하지 말라.

간음하지 말라.

도둑질하지 말라.

거짓 증언하지 말라.

네 것이 아닌 것을 탐하지 말라.

십계명은 우리가 하나님의 처방전 안에서 살아갈 수 있도록 돕는다. 예수님은 십계명과 다른 성경의 명령을 단 두 가지 계명으로 요약하셨다. "네 마음을 다하고 목숨을 다하고 뜻을 다하고 힘을 다하여 주 너의 하나님을 사랑하라"(막 12:30-31). 이 말씀은 예수님의 가르침을 다 담고 있으면서, 또 예수님이 말씀하신 모든 것이 우리 삶에 대한 하나님의 처방전임을 우리가 알게 돕는 것이기도 하다.

바울은 골로새서에서 다음과 같이 하나님의 처방전을 얘기한다.

"이로써 우리도 듣던 날부터 너희를 위하여 기도하기를 그치지 아니하고 구하노니 너희로 하여금 모든 신령한 지혜와 총명에 하나님의 뜻을 아는 것으로 채우게 하시고 주께 합당하게 행하여 범사에 기쁘시게 하고 모든 선한 일에 열매를 맺게 하시며 하나님을 아는 것에 자라게 하시고"(1: 9-10).

바울에 따르면 하나님의 뜻을 아는 목적은 '주께 합당한 삶을 살고', '하나님을 아는 지식' 안에서 성장하기 위해서이다.

모든 상황에서 하나님이 구체적으로 자신의 뜻을 정해 두시지는 않는다. 판단을 내리는 방법을 배우고 매일의 삶을 사는 방법에 대한 하나님의 변치 않는 뜻을 이해할 때, 우리의 삶에서 하나님의 뜻을 어떻게 이룰 것인가를 알게 된다.

우리집 큰딸 다니엘르는 결혼 후 5년 째 남편과 함께 남아프리카에서 가난한 사람들을 돕고 있다. 남아프리카에서 주로 봉사하는 곳은 에이즈로 죽어 가는 사람들을 위한 호스피스 센터이다. 하루는 다니엘르와 다른 한 동료가 호스피스 센터의 환자들을 데리고 가까운 켄터키 프라이드 치킨에 가서 아이스크림을 사주자는 계획을 세웠다. 환자들은 그 잠깐의 여행을 반기면서 아이스크림을 잔뜩 기대했다. 다니엘르와 동료는 정말 가난했지만 환자들에게 아이스크림콘을 살 수 있음에 기뻐하였다. 모두 자리에 앉아 아이스크림콘을 먹고 있는데 한 아프리카 남자가 내 딸에게 다가와서 말했다.

"여러분이 이 병든 사람들을 위해 하시는 일이 참 아름답습니다. 괜찮으시다면 저도 이분들에게 치킨을 좀 사드리고 싶네요."

사실 그도 그다지 큰돈이 있어 보이지는 않았다. 그러나 환자들 대부분이 병원이 아닌 세상 밖에서 프라이드 치킨과 아이스크림을 먹는 마지막 순간이 될 것이기에, 그 순간만큼은 큰 기쁨을 누렸다.

때로 하나님의 뜻은 이렇듯 죽어 가는 에이즈 환자 10명을 보고, 있는 돈을 다 털어 KFC 치킨 한 조각씩을 사주는 그 남자와 같은 것이 아닐까?

우연인가 하나님의 의도된 사건인가?

내 인생 이야기가 하나님이 저술하신 유일한 작품이 아니란 것을 기억하라. 나라는 사람은 하나님의 세상에 대한 사랑과 보호라는 더 큰 이야기 중의 한 부분이다. 하나님은 내가 매일 만나는 사람들의 삶 속에서도 일하고 계시며, 그들의 이야기도 마찬가지로 함께 협력하여 저술하고 계신다. 이 사실을 생각하면 세상이 나를 중심으로 돌고 있지는 않다는 사실을 기억하게 된다.

에이즈 환자에게 치킨을 산 그 남자는 그날 하나님의 구원 사역의 일부였을 것이다. 에이즈 환자에게 동정심이 생긴 것이 하나님의 충동하심인지 그가 깨달았는지는 모르겠지만, 그의 마음을 감동시키셔서 움직이게 만든 것은 하나님이셨다고 나는 믿는다. 그날 그의 작은 선택은 그 환자들을 축복한 하나님 사랑과 은혜의 도구가 되었다.

우리에게는 날마다 그러한 방식으로 하나님의 도구가 될 기회가 온다. 그리고 그것 역시 하나님 뜻의 일부이다. 우리가 하나님과 협력할 때 우리는 우리를 이끄시고, 인도하시며, 사용하시도록 하나님을 초대하는 것이다. 우리의 이야기가 하나님의 더 큰 구원사역의 일부가 될 때를 예민하게 알아차리고, 그러한 순간에 "네."라고 답할 수 있도록 하나님의 도움을 기대한다.

매일 아침 나는 잠에서 깨면 침대 옆에서 무릎을 꿇고 그날 하루를 주신 하나님께 감사한 후 이렇게 기도한다. "주여, 다시 한번 내 생명을 주께 드립니다. 오늘 주의 일을 하고 주의 뜻을 따르는 데에 저를 사용하옵소서. 주를 경외하고 주를 위해 살며 주의 쓰임을 받을 수 있도록 저를 도우소서." 그렇게 기도하고 하루 종일 관심을 기울여 기회를 찾는다.

어느 날 저녁이었다. 거의 9시가 다 되어서야 사무실을 나서면서 문을 닫는데 누군가 작은 소리로 "안녕하세요, 목사님." 하면서 인사를 했다. 돌아봤더니, 한 여자분이 복도에 서 계셨다. "네. 안녕하세요. 좋은 저녁 보내세요."라고 마주 인사하고 무심코 몸을 돌려서 걸었다. 그러던 중 어떤 생각이 머리를 스쳤다. '저 여자를 보기나 했나? 가서 얼굴이나 보고 인사를 하지 그래?' 나는 이렇게 스치듯이 떠오르는 생각이 하나님이 종종 말 걸어오시는 방식임을 안다.

나는 가던 걸음을 멈추고 몸을 돌려 건물 안으로 다시 들어갔다. 그분은 거기에 여전히 서 있었는데 울고 있었음이 분명했다. 그녀에게 다가가 무슨 일이냐고 물었다. 그녀는 우리 교회의 추모정원(우리 교회는 교회 내에 기념석을 깔아둔 정원에 재를 보관할 수 있는 장소가 있다.)에 앉아 있었다고 했다. 그녀의 아이가 지난해에 죽었기 때문에 그 어두운 데에 앉아 울면서 기도하고 있었던 것이다.

"하나님이 제 아들이 잘 있다고 하는 신호를 보여 주시길 기도하고 있었어요. 근데 그 순간 목사님이 지나가시는 거예요. 목사님이 그 신호라고 생각했어요." 내가 말했다. "건물을 벗어나려 하는데, 성령이 다시 돌아가서 집사님을 만나라고 충동하시는 것을 느꼈죠." 우리는 아들의 비석이 있는 추모공원으로 함께 갔다. 나는 그녀에게 아들에 대해 이야기해 달라고 부탁했다. 우리는 바닥에 앉았고, 그녀는 아들에 대한 이야기를 풀어놓았다. 그런 다음 성경의 약속과 우리가 예수 그리스도 안에서 가진 소망에 대해 이야기를 나누었고, 마지막으로 함께 기도했다.

그 자리를 떠날 때에 그녀는 더 이상 울지 않았다. 그녀는 하나님이 자신의 기도를 들으셨고 아이가 하나님과 함께 있음을 느낀다고 했다. 그리고 나는 방금 전 내가 하나님 사역의 한 부분을 담당했음을 깨닫고 성령의 충동을 무시하지 않았던 것에 감사했다.

이런 종류의 일은 하나님께 예민해 있을 때에 종종 일어난다. 나는 그런 일들이 우연이 아니라 하나님이 의도하신 사건이라고 생각한다. 성령이 우리를 이끄시도록 초대할 때에, 그리고 하나님의 뜻을 행하고자 노력할 때에, 우리는 하나님의 더 큰 이야기 가운데 우리 자신이 있으며, 다른 사람의 삶에서 일하고 계신 하나님의 구원 사역의 일부가 되고 있음을 안다. 이런 일이 일어날 때면 언제나 놀라운 기쁨의 감정에 휩싸이곤 한다.

자, 이제 다시 우리 인생에 대한 하나님의 뜻을 어떻게 분별할 것인가의 문제로 되돌아가 보자.

하나님의 뜻을 아는 것은 지극히 단순하다. 먼저 자신의 주변에서 어떤 일이 벌어지고 있는지 관심을 기울여 보는 것이다. 그리고 "이 상황에서 내가 할 수 있는 최선의 사랑의 방식은 무엇일까?"라고 스스로에게 물어보는 것이다.

큰 결정을 앞두고 있거나 하나님의 뜻을 알 수 없어 괴로울 때 하나님은 우리의 분별에 도움이 되는 도구를 주셨다. 우리에게는 성경과 성령의 역사하심이라는 선물이 있다. 또 하나님은 우리에게 전하실 말씀이 있을 때 다른 그리스도인을 보내시기도 한다. 교회의 목회자들과 지도자들, 주변의 멘토들이 안내자의 역할을 할 수도 있다. 또 우리 자신의 지성과 상식을 사용해야 할 때도 있다. 내가 하나님 뜻을 분별하기를 구할 때 하나님은 이 모든 것들을 통해 말씀하시고, 또 나를 돕기 위해 그것들을 사용하시기도 했다.

우리 인생에 대한 하나님의 뜻과 계획에 관해 마지막으로 한 가지 말하고 싶은 것이 있다. 그건 우리가 마냥 행복하기만 하는 것이 하나님의 뜻은 아니라는 것이다. 하나님의 뜻을 따르는 것과 행복을 하나의 맥락으로 보는 사람이 많은 것 같다. 하지만 하나님의 뜻은 '우리의 행복'이 아니라 '우리의 신실함'이다.

어느 날 설교를 준비하다가 페이스북에 올라온 '토미'의 게시글을 읽었다. "우리는 하나님의 뜻이 무엇인지 아는 경우가 종종 있다. 단지 그것을 행하길 원하지 않을 뿐이다. 실제로는 받고 싶은 기도응답은 이미 정해 놓고 하나님의 인도하심을 구하고 있지는 않는가?"

산상수훈에서 예수님은 인생의 두 가지 길에 대해 설명하셨다. 하나는 넓고 편한 길이지만 사망에 이르는 길이며, 다른 하나는 좁고 험한 길이지만 생명으로 이끄는 길이다(마 7:13-

14). 당신 인생에 대한 하나님의 뜻과 계획이 결코 쉬운 길일 리가 없다. 그 길에 따르는 저항이 만만치 않을 것이다. 하나님의 뜻을 행하는 것은 실제로는 고난과 어려움으로 이어질 수도 있다. 하지만 자신이 하나님의 뜻 한가운데에 있다는 것을 알 때에는 그 고난 중에서도 기쁨을 얻을 것이다.

예수님은 우리에게 좁은 길을 택하라고 부르셨다. 그분은 제자들에게 "자기를 부인하고 자기 십자가를 지고 나를 따르라"(마 16:24)고 말씀하셨다. 하나님의 뜻이 이루어지도록 기도하신 예수님 또한 묵묵히 십자가의 길로 가셨다.

이렇듯 하나님의 뜻을 행하는 일은 고난으로 연결되기도 한다. 박해나 심지어는 죽음을 각오해야 할 수도 있다. 예수님은 하나님의 뜻을 행하셨고 십자가에 못 박히셨다. 사도들도 하나님의 뜻을 행했고, 박해받고 매를 맞으며 감옥에 갇혔다가 결국에는 대부분 사형에 처했다. 물론 결과가 그 정도로 심각한 경우는 많지 않지만, 하나님의 뜻을 행하는 것이 편안하거나 쉽거나 편리한 길로 이어지지 않는다.

하나님과 함께 쓰는 인생 이야기

최근 나는 아름다운 젊은 부부의 결혼식 주례를 맡았다. 그들의 행복한 모습을 보노라니 가슴이 뿌듯했다. 자녀들을 대학에 보내고, 아기가 태어나고, 승진을 하는 장면들은 인생이라는 책에서 기쁨으로 내용을 채울 장이다. 바로 당신이 어쩌면 지금 그 장의 한 페이지 중에 서 있을지도 모르겠다. 아마 절대 이 장이 끝나지 않길 바라면서!

하지만 모든 명작에는 그 나름의 갈등과 위기, 분투와 고통이 포함된다. 물론 당신의 뜻도 그 책의 내용으로 포함되겠지만, 삶이 고통스러운 것은 하나님이 당신의 인생을 고통스럽게 만들어서가 아니라 그저 고통이 모든 생명의 일부분이기 때문이다.

혹 당신은 인생의 고난이라는 힘든 한 장을 통과하며 걷고 있을지도 모르겠다. 사랑하는 누군가의 죽음을 견뎌야 하거나, 미래의 불안감을 안고 있는 취업준비생이거나, 결혼생활을 막 정리하였거나, 무서운 질병으로 투병하고 있을 수도 있다. 앞에 어떤 내용이 펼쳐질지 모르지만 그래도 의지가 되는 것은 고통의 장을 넘기면 다음 장이 있다는 사실이다.

그리고 성경의 이야기들은 그 힘든 시절의 페이지들이 우리 이야기의 마지막 장이 절대 아님을 증거한다. 적들의 공격과 고통을 받았지만 결국에는 승리로 끝을 맺는 성경의 많은 이야기들을 생각해 보라.

감옥에 있던 요셉은 자신이 조만간 파라오의 오른팔이 될 것이라는 것을 알지 못했다(창 39-41장). 남편과 아들들과 사별하여 슬픔에 빠져 있던 나오미는 며느리 룻이 어느 날 이스라엘에서 가장 위대한 왕을 탄생시킬 가족사의 시작이 될 것이라고는 상상하지 못했다. 그녀의 애통함은 웃음으로 바뀌었다. 바벨론 노예로 사로 잡혀 약속의 땅에서 멀리 떠난 이스라엘 백성들은 50년 만에 자신의 자녀들이 노래를 부르며 고향으로 돌아가게 될 것이라고는 알지 못했다. 예수님이 십자가에 못 박히시는 것을 지켜봤던 제자들도 예수님이 삼일 만에 죽은 자 가운데서 살아나시게 될 줄은 꿈에도 몰랐다.

가슴 아픈 시간과 인생의 힘겨운 계절을 지날 때 우리는 때로 하나님을 바라보지도 못한 채 일이 어떻게 풀려 갈지 두려움에 떤다. 그러나 그때를 지나고 우리의 인생을 뒤돌아보면 하나님이 어떻게 우리 인생의 이야기를 이끌고 가셨는지, 그래서 그 이야기가 어떻게 우리 인생에서 하나님의 구원 사건이 되게 하셨는지 알게 된다.

하나님이 우리의 고통을 변화시키시고, 우리를 고난에서 회복시키시며, 암흑의 구덩이에서 건져 내실 것이고 또 그러실 것이다. 우리가 어둠 속에 있을 때 하나님은 승리의 이야기를

적으신다. 우리와 협업하시는 하나님이 계시니, 그 어두운 시절이 결코 우리 이야기의 결말이 아니다.

사도 바울이 감옥에서 빌립보 교회에 보내는 편지를 쓸 때, 그는 자신이 로마에 의해 처형을 당할 것인지 풀려 날 것인지 모르는 상태였다. 그렇게 감옥에 갇혀 있는 상황에서도 바울은 '기쁨의 서신'을 작성했다. 그는 자신이 죽어도 그리스도 함께할 것이기 때문에 승리하는 것이요, 만약 산다면 계속해서 복음을 전할 수 있기 때문에 또 승리라고 적었다. 그의 이야기는 그 결말이 어떻게 끝나든 간에 승리의 이야기가 될 것이었다. 왜냐하면 "내게 사는 것이 그리스도니 죽는 것도 유익"(빌 1:21)하기 때문이었다.

당신의 이야기는 아직 완성되지 않았다. 앞으로 남은 장들은 아직 쓰이지 않았다. 당신의 인생에 대한 하나님의 계획은 돌에 적어 둔 것이 아니다. 그것은 바로 당신에게는 아직 이야기를 만들어 갈 수 있는 기회가 있다는 뜻이다. 여러분은 어떠한 이야기를 쓰고 싶은가?

"주께 합당하게 행하여 범사에 기쁘시게 하고 모든 선한 일에 열매를 맺게 하시며 하나님을 아는 것에 자라게 하시고"(골 1:10).

제4장

왜
결국에는
하나님의
사랑이
승리하는가

WHY

결국에는
하나님의
사랑이
승리하는가

우리가 알거니와 하나님을 사랑하는 자 곧 그의 뜻대로 부르심을 입은 자들에게는 모든 것이 합력하여 선을 이루느니라 누가 우리를 그리스도의 사랑에서 끊으리요 환난이나 곤고나 박해나 기근이나 적신이나 위험이나 칼이랴 그러나 이 모든 일에 우리를 사랑하시는 이로 말미암아 우리가 넉넉히 이기느니라 내가 확신하노니 사망이나 생명이나 천사들이나 권세자들이나 현재 일이나 장래 일이나 능력이나 높음이나 깊음이나 다른 어떤 피조물이라도 우리를 우리 주 그리스도 예수 안에 있는 하나님의 사랑에서 끊을 수 없으리라

로마서 8:28, 25, 37~39

이 책의 내용에 대한 설명을 들은 내 친구는 처음에는 이렇게 말했다. "그런 생각들은 내 믿음과는 전혀 맞지 않아!" 그는 항상 모든 일에는 이유가 있다고, 그리고 무슨 일이든 그것은 다 하나님의 뜻이라고 믿어 왔다. 그러나 이제 그는 이 세상에 일어나는 일들은 하나님의 공의와 사랑과는 조화시키기 어렵다는 사실을 깨닫기 시작했다.

그의 예전 기도 생활은 어떤 일을 이루어 달라고 하나님께 요구하는 일들이 대부분이었지만, 이제는 기도의 주된 목적이 우주의 운행법에 대해 하나님께 충고하는 것이 아님을, 이 세상을 운행하시는 하나님의 방법은 직선이 아닌 조금은 우회하시며, 권력 대신 영향력을 사용하는 것임을 알기 시작했다. 그는 늘 하나님이 자신의 인생에 대한 완벽하고도 완전한 계획을 가지고 계시다고, 예컨대 누구와 결혼할 것인지 어떤 직업을 가질 것인지 정해 두셨다고 믿었다. 그러나 이제는 자신의 인생은 하나님과 함께 공저하는 소설에 더 가까움을, 그리고 하나님의 뜻은 그가 어떤 결정을 내리는지가 아니라 어떻게 결정을 내릴 것인지에 더 가깝다는 것을 깨닫기 시작했다.

이런 생각들은 다소 불확실하고 덜 인진하며 안정감도 줄어들었다는 느낌을 갖게 될지도 모르겠다. 그것은 기존에 절대적으로 믿었던 하나님의 방법에 의문을 품기 시작할 때에 당연히 들게 되는 감정이다. 그런 회의적인 생각에 깊이 잠기다 보니 나도 믿음이 무척 흔들리는 것을 느꼈다. 그러나 시간이 지나면서 그러한 의문을 가졌던 것이 오히려 내 믿음을 구하였다는 것을 발견했다. 지난 세월 동안 사역자로서 겪었던 여러 고난들을 감안해 보면 더욱 그렇다.

이번 장에서는 나는 먼저 하나님이 세상에서 일하고 계시다는 사실을 내가 어떻게 믿고 있는지, 그리고 하나님에 대한 믿음이 우리를 어떻게 지탱하고 우리에게 소망을 주는지를 정리하려고 한다.

우리와 함께하시는 하나님의 임재

두려움은 모든 인간들이 가진 근원적인 감정이다. 우리는 도처에서 위험을 만난다. 우리의 신체는 천하무적이 아니다. 우리는 곧잘 다치며, 병에 걸리거나 늙고 결국 죽는다. 이러한 악조건에 대한 지식은 삶에 대한 불안과 깊은 우려, 걱정 또는 공포감을 낳는다. 우리 삶에는 다양한 방식의 두려움이 있다. 실패에 대한 두려움, 거절당할 것에 대한 두려움, 미래에 대한 두려움, 병에 대한 두려움, 자녀에 대한 두려움, 의미없는 삶에 대한 두려움, 혼자 될 것에 대한 두려움, 죽음에 대한 두려움…….

 이런 인간의 어두움의 굴레를 떨칠 수 있는 확실한 답이 있으니 그것은 하나님에 대한 믿음이다. 성경이 주는 큰 위로 중의 하나는 하나님이 우리와 함께 계시다는 사실이다. 하나님은 결코 우리를 떠나거나 버리지 않으시겠다고 약속하신다. 하나님은 우리가 숨을 쉬는 공기만큼이나 가까이 계신다. 우리가 이 사실을 믿고 하나님의 임재를 경험할 때, 우리는 "모든 지각에 뛰어난 하나님의 평강"(빌 4:7)이 인간 존재의 모든 불안을 대체시킬 수 있음을 알게 된다.

 성경에서 자주 반복되는 구절 중에 "두려워하지 말라. 하나님이 너와 함께 계신다."라는 말이 있다. 여호수아가 강고한 성들과 군비를 잘 갖춘 '거인들'이 지키는 가나안 땅으로 들어가기 위해 준비할 때도 하나님은 그에게 "강하고 담대하라 두려워하지 말며 놀라지 말라 네가 어디로 가든지 네 하나님 여호와가 너와 함께 하느니라"(수 1:9)라고 말하셨다.

 우리는 바벨론 유수 때에 유대인들이 주신 하나님의 말씀에서도 그와 같은 내용을 찾을 수 있다. "두려워하지 말라 내가 너와 함께 함이라 놀라지 말라 나는 네 하나님이 됨이라 내가 너를 굳세게 하리라 참으로 너를 도와주리라 참으로 나의 의로운 오른손으로 너를 붙들리라"(사 41:10).

다윗 왕은 죽음의 그림자 계곡을 따라 걸을 때에도 두렵지 않다고 노래한다. "내가 사망의 음침한 골짜기로 다닐지라도 해를 두려워하지 않을 것은 주께서 나와 함께 하심이라 주의 지팡이와 막대기가 나를 안위하시나이다"(시 23:4). 다윗은 또 하나님에게 "두려워하는 날에는 내가 주를 의지하리이다"(시 56:3)라고 시로 읊조렸다.

우리 딸들은 어려서 한밤중에 잠이 깨서 무서우면 항상 우리 부부의 침실로 오곤 했다. 어떤 이유든지 대개는 내 침대 옆으로 와서 나를 흔들어 깨우면서 먼저 이렇게 말하였다. "아빠, 천둥이 무서워요." "아빠, 무서운 꿈을 꿨어요." 그러면 우리는 침실에 있던 작은 소파에 아이를 눕히고 함께 기도하고 노래를 불러 주었다. 그러면 몇 분이 지나지 않아 아이는 금방 깊은 잠에 빠지곤 했다. 내가 천둥을 멈추거나 무서운 꿈의 기억을 없애 준 것은 아니지만, 부모가 옆에 있다는 것만으로도 아이들은 더 이상 겁을 먹지 않았다.

하나님이 마치 우리가 숨을 쉬는 공기처럼 우리 가까이에 계시다는 것을 깨닫고 그분을 신뢰할 때, 우리의 삶에서도 이러한 일들이 일어난다. 하나님이 천둥을 멈추거나 우리 삶에서 두려운 일들을 없애 주셔서 그런 것이 아니다. 하나님이 우리와 함께 계시다는 것을 아는 것만으로도 우리는 폭풍 한가운데서도 평온을 유지할 수 있게 된다.

시편 55편 22절에서 다윗은 이렇게 쓰고 있다. "네 짐을 여호와께 맡기라 그가 너를 붙드시고." 다윗은 "네 짐을 여호와께 맡겨라. 그가 즉시 너를 괴롭히는 모든 일을 처리해 주실 것이다."라고 말하지 않는다. 그는 하나님이 너를 붙드신다라고 말한다.

나는 매일 많게는 하루에 다섯 번씩 자녀를 위해 기도한다. 그들은 이제 성인이 되어 자신의 거처에서 각자의 삶을 이끌어 나간다. 때로 그들에 대한 염려가 차오를 때도 있지만 기도를 하고 나면 평안해진다. 평안해지는 것은 내가 기도했기 때문에 그들에게 나쁜 일이 생기지 않을 것이라고 믿어서가 아니다. 물론 그렇게 되기를 바라지만, 수많은 사람들의 장례식을 집례한 경험으로 항상 그렇게 되지 않음은 충분히 안다.

내가 평안한 것은 하나님이 그들과 함께 계시며, 심지어 어떤 나쁜 일이 생겨도 하나님이 그들 옆에 계셔서 그들을 붙드실 것임을, 그리고 설혹 최악의 사건이 일어나더라도 하나님은 여전히 사랑의 팔로 그들을 안고 계실 것임을 알기 때문이다.

하나님은 우리를 통해 일하신다

하나님은 우리와 함께 걸으시겠다고 약속하실 뿐만 아니라 도움이 필요한 사람을 위해 우리를 통해 일하시겠다는 약속도 하신다. 앞서 보았듯이 하나님이 어떤 일이 이루어지길 바라실 때 거의 사람을 통해 일하신다. 그리고 하나님은 우리에게 억지로 당신의 뜻을 따르라고 강요하지 않으시므로, 우리를 통해 일하시더라도 명령하시지 않고 우리가 다른 사람에게 영향력을 미치도록 하신다.

만약 우리가 성령님의 강권하심에 귀를 기울인다면, 그리고 주의를 기울이고 있다면, 주변에서 무슨 일이 벌어지고 있는지 관심을 가진다면, 우리는 우리의 기도에 응답하시기 위해 하나님이 다른 사람을 불러 쓰시고 계심을 알게 될 것이다. 또 다른 사람의 기도에 대한 응답의 방법으로 우리를 사용하려고 하시는 하나님의 방식에 대해서도 눈을 뜨게 될 것이다. 여기서 핵심은 주의를 기울이는 것이다.

바로 이번 주였다. 집에 가는 길에 식료품 가게에 들러야겠다는 생각이 들었다. 원래 가려고 했던 가게가 있었는데, 그날은 왠지 그곳을 지나쳐서 다른 곳에 차를 세웠다. 주차장에서 가게로 걸어가는데 그때 마침 두 자녀를 데리고 걸어 나오던 한 아주머니와 마주쳤다. 나는 미소를 지으며 그녀에게 "안녕하세요."라고 인사했다. 교회에서 뵈었던 분이라고 생각했다. 그녀도 미소를 지으며, "네, 안녕하세요."라고 말했다. 우리는 인사를 주고받으면서도 멈추지 않고 서로 가던 길로 걸어갔다. 막 가게의 입구로 들어가려는 순간에 뒤에서 나를 부르는 소리가 들렸다. 뒤를 돌아봤더니 그녀가 급히 뒤따라오고 있었다. 그녀는 나에게 잠시 이야기 나눌 수 있는지를 물었다. "물론입니다." 나는 흔쾌히 대답했다.

그녀는 자신을 간단히 소개하고는, "제 아들이 지금 말썽을 피워서 제가 무척 화가 나 있습니다. 어제 엄마한테 그 얘기를 하니, '그 문제를 목사님과 상의해 봤니?'라고 하시지 않겠어요. 저는 '이런 개인적인 사소한 문제로 목사님과 직접 만나 상담할 기회는 없을 거야.'라고 생각했죠. 그런데 여기서 딱 만나게 될 줄이야! 믿을 수가 없어요!"

나는 그녀에게 사정 이야기를 자세히 듣고 도움을 줄 수 있는 자원을 소개해 주었다. 그리고 격려와 소망의 말을 전하고 아들을 위해 기도해도 되겠냐고 물었다. 우리는 식료품점 입구에 서서 함께 기도했다.

나는 그 만남이 우연히 이루어진 것은 아니라고 느꼈다. 하나님이 그녀의 인생에서 하고 계신 일의 아주 작은 일부분을 도울 수 있도록 내게 기회를 주신 것이다. 나는 그러한 사건들을 그저 우연의 일치라고 생각하지 않는다. 그것들은 '하나님의 역사'임을 믿는다. 이런 종류의 일은 내가 조금만 주의를 기울이면 늘 일어난다. 그러한 일은 하나님이 다른 사람을 위해 우리의 삶에서, 그리고 우리를 사랑하는 사람들의 인생에서 끊임없이 일하고 계심을 상기시킨다.

지난 성탄절 우리 교회에서는 현재 실업 상태인 교인들에게 성탄절 선물 바구니를 전달하기로 했다. 모든 목회자들과 평신도 여러 명이 조금씩 맡아서 바구니를 돌리기로 했다. 10시 45분 주일예배가 끝난 후 나는 책상에 앉아서 내게 주어진 교인들에게 전화를 돌리기 시작했다. 처음 건 대상은 '캐리'라는 여성이었다. 그녀가 전화를 받자 나는 이렇게 말했다. "캐리, 부활교회(Church of the Resurrection)의 아담 해밀턴 목사입니다. 교회에서 드리는 성탄절 선물을 전달하기 위해 잠시 방문하려 합니다. 하나님이 당신을 잊지 않으셨고, 당신을 사랑한다는 작은 표시로요. 오늘 오후에 성탄 바구니를 드리려고 하는데 괜찮으실까요?" 상대편에서는 잠시 침묵이 흘렀다. 그리고 전화기 저편에서 캐리의 우는 소리가 들렸다.

몇 분 동안 그녀를 위로하자 그녀는 자신을 추스르고는 내게 고맙다고 하면서 들러도 좋다고 하였다. 한 시간 후 나는 그녀의 아파트로 갔다. 바구니를 전하면서 하나님이 그녀를 변함없이 사랑하신다는 작은 표시라고 다시 말해 주었다. 그러자 그녀가 말했다. "제가 아까 통화하면서 왜 울었는지 말씀드려도 될까요?" 그녀는 손에 들고 있던 종이 한 장을 내게 보여 주며 말했다. "오늘 아침에 너무 우울해서 교회를 갈 기운도 없어서 그냥 온라인으로 예배를 드렸죠. 예배가 끝난 후 저는 이 종이에 이렇게 적었답니다."

주님, 어디에 계신가요? 주님, 저의 상황은 왜 이럴까요? 이것이 제가 하고 싶은 질문이에요. 주위를 둘러보면 하나님이 주신 것이라고는 못난 현실밖에 보이질 않네요. 그렇다고 주님을 탓하려는 것은 아니에요. 다만 묻고 싶어요. 당신은 어디에 계신가요? 제게는 주님이 필요합니다! 도와주세요! 아무리 노력을 해도 제 상태는 좋아지지를 않아요. 입으로는 "주의 뜻이 이루어지이다."라고 기도하지만 사실은 너무 힘들어요. 저는 예수님이 아니잖아요. 너무 약해요. 제게는 휴식이 필요합니다. 사랑을 받고 싶어요. 제게는 주님 당신이 필요해요. 제게 주님의 평화를 주세요. 제게 주님의 능력을 나눠 주시고, 주님의 소망을 갖게 해 주세요. 제가 믿고 두려워하지 않기를 원합니다.

그녀가 계속 말을 이었다. "하나님이 나를 여전히 사랑하신다는 것을 보여 주시고, 당신의 팔로 나를 안아 주시기를 간구하는 기도문을 다 쓰자마자 전화벨이 울렸어요. 그런데 목사님의 목소리가 들려서 얼마나 놀랐는지요. 목사님의 첫 마디 '교회의 선물을 전하기 위해 전화했습니다. 이 선물은 하나님이 당신을 사랑하시며 당신을 잊지 않으셨다는 표시입니다.'란 말에 저는 아무 말도 할 수가 없었어요. 기도가 그렇게 빨리 응답되어 본 적이 없었거든요."

나는 그저 성탄절 바구니를 전했을 뿐이다. 하지만 하나님은 뭔가 계획이 있으셨던 것이다.

캐리가 자신의 이야기를 다 하고 난 후 나는 그녀에게 격려의 말과 간단히 성경말씀을 전하고 함께 기도했다. 그녀의 집을 나오면서 그녀가 기뻐하는 것을 느낄 수 있었고, 정작 나 자신도 설명할 수 없는 기쁨을 경험했다. 나는 그저 캐리의 인생에서 일하시는 하나님의 사역의 일부분이었을 뿐이다. 하나님이 캐리의 문제를 모두 즉각적으로 해결하시지는 않았다는 것에 주목하라. 그러한 방법은 하나님이 늘 사용하시는 방법이 아니다. 다만 나는 하나님의 사자가 될 기회를 가졌고, 캐리는 힘과 용기를 얻었으며, 그것으로 나는 복을 받은 것이다.

우리가 하나님의 신비한 방법을 모두 알 수는 없다. 마침내 누군가가 '믿습니다'라는 말을 하게 되기까지는 얼마나 많은 사람들의 마음을 움직이셔야 하는지 모른다. 하지만 나는 하나님이 끊임없이 이와 같이 일하고 계심을 믿는다. 우리에게 부여된 과제는 날마다 우리 자신을 하나님께 드리고 하나님께 집중하는 것이다.

하나님이 세상에서 일하시는 주된 방법은 사람을 통해서라는 개념은 성경 전체를 관통한다. 하나님은 성경 전체를 통해 자신의 백성들에게 서로를 사랑하는 방법에 대해 가르치신다. 모세의 율법에서 하나님은 "농부는 추수할 때 밭의 한쪽은 추수를 하지 말고 남겨두어 가난한 이들이 먹을 것이 있도록 하라."고 명령하셨다. 하나님은 굶주린 이들을 위해 하늘에서 음식물을 내려 주지 않으셨다. 대신 사람들에게 사랑으로 서로를 돌아보라고 말씀하신다. 잠언의 저자는 "너는 말 못하는 자와 모든 고독한 자의 송사를 위하여 입을 열지니라 너는 입을 열어 공의로 재판하여 곤고한 자와 궁핍한 자를 신원할지니라"(잠 31:8-9)라고 사람들에게 이르신다. 이런 일들을 수행하게 될 주체는 하늘의 천사가 아니라 사람이었다. 이사야 58장 6~7절에서 하나님은 이렇게 말씀하신다.

"내가 기뻐하는 금식은 흉악의 결박을 풀어 주며 멍에의 줄을 끌러 주며 압제당하는 자를 자유하게 하며 모든 멍에를 꺾는 것이 아니겠느냐
또 주린 자에게 네 양식을 나누어 주며 유리하는 빈민을 집에 들이며 헐벗은 자를 보면 입히며 또 네 골육을 피하여 스스로 숨지 아니하는 것이 아니겠느냐"

하나님은 기적을 통해 불의를 바로잡지 않으시고 이사야의 입을 통해 그분의 백성들을 불러 그 과제를 맡기신다. 우리는 그러한 개념이 선한 사마리아인(눅 10:25-37), 양과 염소(마 25:31-46)와 같은 예수님의 비유에서도 반복됨을 본다. 이 두 가지의 비유는 잘 알려져 있지만, 예수님은 비유를 들어 사랑의 정수가 무엇인지를 가르치신다. 진정한 제자는 가난한 사람들을 돕는다. 그렇게 함으로써 우리는 다른 사람을 통한 하나님의 손과 목소리가 되며, 이러한 방식으로 하나님은 기도에 응답하시고 세상에서 일하시는 것이다.

하나님은 악과 고난으로도 우리를 이롭게 하신다

이제 우리는 하나님이 그의 뜻을 받아들이거나 거절할 자

유를 인간에게 주셨다는 것을 알았다. 우리에게 주어진 자유를 잘못 사용하면 자신이나 다른 사람들에게 해를 입힐 것이다. 다른 사람들이 그 자유를 남용하면 그들 자신이나 우리를 다치게 할 것이다. 인생에는 그 자체에 고난이 내재한다. 살아 있는 것들은 언젠가 죽는다. 이 땅을 지탱하는 힘이 때로는 고난을 부르기도 한다. 우리 몸은 영원하지 않다. 이따금 세포가 미쳐 버리거나, 심장이 지쳐 버리기도 한다. 면역체계는 훌륭하지만 완벽하진 않다. 악과 고난은 인생의 한 부분이다.

앞에서 보았듯이 하나님은 고난의 시간에서도 늘 우리와 동행하신다. 또 하나님은 고난의 시간 중에서도, 악이 창궐할 때에도 서로를 보살피도록 우리를 사용하신다. 하지만 하나님이 하시는 일에는 그보다 더 큰 것이 있다. 그건 하나님은 악과 고난으로도 우리를 이롭게 이끄신다는 것이다. 하나님은 악에서 선을 이끄신다. 하나님은 우리의 슬픔과 고난 그리고 죄를 취하셔서 그것을 구부러뜨리고, 회복하시고, 그를 통해 우리를 깨끗케 하신다.

이것이 하나님이 설계하신 우주의 리듬이다. 우리가 살고 있는 이 지구별은 파괴적이면서도 동시에 생명을 주기도 하는 지구물리학적이고 대기 환경적 사건들의 긴 역사를 가지고 있다. 산 위에 올라 바위들의 독특한 문양을 보라. 그것들을 탄

생시킨 파괴적이고도 창조적인 힘들을 보게 될 것이다. 그와 같은 힘들이 지진과 쓰나미를 낳는다. 비와 물과 바람의 파괴적인 힘이 그랜드캐년이라는 놀라운 자연의 미를 조각하였다. 새 생명과 아름다움이 파괴와 고통을 통해서 태어나는 이 창조의 리듬을 따르는 듯이 보인다.

과소비와 과도한 대출이라는 과욕이 2008년에 시작된 금융 위기를 가져왔다. 하나님이 금융 위기를 일으키신 것이 아니다. 일이 그 모양이 되게 한 주범은 인간이었다. 많은 사람들이 예수님의 이러한 말씀을 잊었다. "사람의 생명이 그 소유의 넉넉한 데 있지 아니하니라"(눅 12:15). 그 결과는 수백만 명의 사람들이 자신의 집을 잃고 직장을 읽고 저축을 잃는 경제적 파탄이었다. 그러나 사람들은 타다 남은 재 속에서 자신의 삶의 방식을 바꾸기 시작했다. 그들은 적어도 잠시라도 과거 호황기에 누렸던 물질주의에서 방향을 돌이켰다. 그리고 인생에서 정말로 의미있는 삶은 무엇인지 기억하기 시작했다.

우리 개인의 삶에서도 눈물과 고난을 하나님의 손에 놓을 때 우리는 하나님이 그 고난을 들어서 우리를 위해 선하게 사용하신다는 것을 알게 된다. 현재의 '나'라는 사람을 만들었던, 내 인생을 이룬 사건들은 그 당시에는 정말 절대 겪고 싶지 않았던 일들이었다. 나는 부모님의 이혼으로 이집 저집으로 옮겨 다녔고, 우리 가족은 80년대 초반의 불황으로 모든 것을 잃었으며, 이후 가장 친했던 친구 둘을 잃었다. 그 사건들 각각이 오늘날의 '나'라는 사람을 만들고 목사가 되게 했다. 그중에서도 마지막 사건이자 가장 참혹했던 사건이 내 인생에서 가장 커다란 영향을 남겼으며, 감사하게도 나의 설교와 글을 통해 사람들에게도 영향을 주고 있다. 당신이 읽고 있는 이 책에 담겨 있는 생각들은 내 친구들의 죽음을 이해하려는 나의 노력에서 출발하였으며, 내가 이 책을 그들에게 헌정하는 이유이기도 하다.

최근 죽음이라는 문제에 부딪힌 한 분이 내게 이런 이메일을 보내왔다.

"내 아내는 내가 다른 사람이 되었다고 합니다. 내가 시한부 진단을 받고 나서 더 사랑이 많아지고, 더 다정해지고, 더 자비롭고, 일상에 더 감사하고 있다고 하는군요. 맞습니다."

2년의 실업 생활을 겪은 한 여성이 고백하기를, 다른 사람은 나와 동일한 고통을 겪지 않기를 바라지만, 돌아보면 그로 인해 삶과 신앙에 대한 관점이 완전히 달라졌다고 했다. 지금 그녀는 그 어두웠던 기간을 오히려 하나님께 감사한다고 말한다.

나는 자녀를 잃은 수십 명의 부모들을 만나 왔다. 그들은 자녀를 잃은 것에 대해 감사하지는 않지만 하나님이 자신의 자녀를 '앗아'가신 것이 아님을 안다. 그들은 수년의 시간이 흐른 후 하나님이 어떻게 자신을 붙드셨으며, 그 고통을 사용하여 어떻게 자신을 변화시키셨는지, 그리고 자신이 견딘 그 끔찍한 슬픔의 결과로 인생의 궤적이 어떻게 달라지고, 깊어지고, 더 의미가 있어졌는지를 알게 되었다고 말한다.

헥터 피터슨(Hector Pieterson, 1963-1976)의 죽음이 남아프리카공화국의 인종분리정책을 매듭짓는 데에 한몫을 했듯이 엠메트 틸(Emmet Till)의 죽음은 미국의 인권운동에 지대한 영향을 미쳤다. 틸은 14살 된 시카고에 사는 흑인이었는데 미시시피 주의 친척을 방문 중이었다. 1955년 8월 틸이 그 동네의 친구들에게 우쭐해 보이려 했던 것인지는 모르지만, 그 아이는 무심코 백인 여성에게 휘파람을 불었다. 13일 후 여러 남자들이 한밤중에 틸이 머물고 있는 큰 삼촌 집에 들이닥쳤다. 그는 엠메트 틸을 붙잡아 그의 모습이 형체를 알아볼 수 없을 정도로 때린 다음 총을 쏘아 죽이고 시체를 강에 던져 버렸다. 그의 어머니는 아들의 장례식에서 관을 열어두기를 고집했다. 그래야 세상이 1955년의 인종주의가 어떤 모습이었는지 볼 수 있다고 생각해서였다. 형체도 알아볼 수 없게 망가진 엠메트의 처참한 사진이 전국의 신문과 잡지에 실렸다. 그 결과 침묵하며 부조리한 현실을 참고 있던 수백만의 사람들의 마음이 움직여 인권운동을 지지하게 되었다.

구약에서 가장 역동적인 장면 중의 하나는 이사야 선지자가 바벨론에서 노예 생활을 하던 유대 민족, 또는 유형 생활에서 폐허가 된 고향에 돌아온 사람들에게 이야기하는 장면이다. 이사야 선지자는 폐허가 된 시온을 슬퍼하며 비통에 빠진 사람들을 위해 하나님이 하실 일에 대한 약속의 말을 전한다.

"무릇 시온에서 슬퍼하는 자에게 화관을 주어 그 재를 대신하며 기쁨의 기름으로 그 슬픔을 대신하며 찬송의 옷으로 그 근심을 대신하시고 그들이 의의 나무 곧 여호와께서 심으신 그 영광을 나타낼 자라 일컬음을 받게 하려 하심이라"(사 61:3).

이것이 바로 하나님이 하시는 일이다. 하나님은 고통과 비통, 그리고 우리의 과거 상처를 취하여 그것들이 아름답게 되도록 변화시키신다. 하나님이 우리의 고난에 이루신 일의 결과는 우리가 '의의 나무'가 되게 하시는 것이다.

고난을 통한 하나님 사역을 보여주는 가장 훌륭한 예는 물론 예수 그리스도의 죽음이다. 예수님의 죽음은 예수님의 인기에 위협을 느낀 사람들(종교 지도자들)과 그분이 메시야라는 정체성으로 인해 로마에 도전이 될 것이라고 보았던 사람들(빌라도와 로마 군인들)의 합작품이었다. 예수님은 자신에게 임박한 죽음을 고뇌 가운데 결단하여 받아들이셨다. 하나님은 예수님의 고난과 죽음을 세상을 구속하기 위해 사용하실 것이었다. 하나님은 그러한 악의 행위를 통해서 선을 이끌어 내시고, 인간은 예수님의 죽음을 통해서 죄의 실체와 고난과 죽음도 마다하지 않으시는 하나님의 의지를 보게 될 것이었다.

고난을 통해 하나님은 사람들의 마음을 변화시키시고, 그리하여 변화된 인생으로 이끄시며 악에 대한 선의 승리를 이끌어 내신다. 그로 인해 우리는 이제 마지막 개념으로 도달하게 되었다.

결말은 하나님의 승리다

궁극적으로는 고난과 곤궁, 악과 죄가 최종적인 선언이 아니다. 최종적으로 우리가 들을 복된 소식은 예수 그리스도가 부활하셨다는 놀라운 메시지이다. 예수님은 마음이 악한 인간들에 의해 죽음을 당하셨다. 그때 예수 그리스도 안의 하나님은 어둠의 세력들에 굴복한 듯이 보였다. 그러나 우리는 그 십자가가 이야기의 끝이 아님을 잊어서는 안 된다. 기독교는 예수님이 비록 십자가에서 죽으셨지만 삼 일 만에 죽은 자 가운데서 다시 살아나셨기에 위대한 승리의 이야기가 된다.

예수 그리스도의 부활은 그 자체로 선이 악을 이기며, 빛의 힘이 어둠의 세력을 물리치고, 생명은 사망을 몰아낼 것이라는 하나님이 내지르시는 함성이다! 우리가 죽으면 확실히 그 사실을 알 것이며, 궁극적으로 종말의 날에는 모든 사람이 그 승리를 보게 될 것이다.

성경은 상황이 극도로 암울할 때조차 소망을 선포한다. 물론 우리가 앞서 보았듯이 그것은 어려움을 겪지 않을 것이라거나 고통이 없을 것이라는 약속은 아니다. 하지만 그것이 최종적인 선언이 아니다. 시편 기자는 그래서 이렇게 쓰고 있다. "저녁에는 울음이 깃들일지라도 아침에는 기쁨이 오리로다"(시 30:5). 예레미야애가의 저자는 기원전 586년 예루살렘 성의 파괴를 목도하고 격정적인 슬픔과 통한을 고백하지만 결국에는 이렇게 말한다.

"이것을 내가 내 마음에 담아 두었더니 그것이 오히려 나의 소망이 되었사옴은 여호와의 인자와 긍휼이 무궁하시므로 우리가 진멸되지 아니함이니이다 이것들이 아침마다 새로우니 주의 성실하심이 크시도소이다"(애 3:21-23).

이사야 51장 11절에서도 바벨론 포로 생활을 겪고 있던 유대인들, 그리고 인간적으로는 시온으로 돌아갈 희망이 전혀 없던 이들에게 이렇게 말씀하시는 장면을 잘 포착한다. "여호와께 구속 받은 자들이 돌아와 노래하며 시온으로 돌아오니 영원한 기쁨이 그들의 머리 위에 있고 슬픔과 탄식이 달아나리이다" 소망이 없는 이들에게 하나님은 선지자 예레미야의 입을 통해 말씀하셨다. "너희를 향한 나의 생각을 내가 아나니 평안이요 재앙이 아니니라 너희에게 미래와 희망을 주는 것이니라"(렘 29:11).

물론 모든 사람이 살아서 이러한 소망이 충족되는 것을 보지는 못할 것이다. 유대인들은 바벨론에서 50년 동안 포로 생활을 했는데, 그 후손들이 시온에 돌아갈 것이란 소망을 품고 죽었다. 그리고 실제로 그들은 소망을 이루었다.

마틴 루터 킹 목사는 테네시 주의 멤피스에서 저격당하기 전날 마지막 설교를 전했다. 그는 죽기 바로 직전에 산 정상에 서서 약속의 땅을 굽어보며 서 있는 모세의 모습을 인용하면서 설교를 마쳤다. 킹 목사는 청중에게 자신이 산의 정상에 서 있다고 말했다. 모세처럼 자신은 약속의 땅을 보고 있다고 했다. 킹 목사에게 약속의 땅이란 모든 사람에게 자유와 평등이 보장된 나라였다. 그리고는 선견지명이 있었던지 아마도 자신은 그들과 함께 그 약속의 땅에 들어가지 못할 것이라고도 했다. 그러나 그는 두려워하지 않았다. 그는 사실 "내 눈은 영광스런 주님의 오심을 보았기에 행복하다."고 고백했다. 그것이 하나님을 믿는 신앙을 가진 사람이 궁극적으로 가지게 될 모습이다. 우리의 믿음이 인생을 담대하고 두려움 없이 살도록 이끌 것이기 때문이다.

우리 각자의 삶에서 최종적인 승리는 우리의 죽음과 함께 올 것이다. 우리에게는 죽음이 패배가 아니다. 그것은 오히려 승리이다. 사도 바울은 그리스도의 재림과 우리 삶의 마지막에 대해 말하면서 이렇게 펼쳐 낸다.

"이 썩을 것이 썩지 아니함을 입고 이 죽을 것이 죽지 아니함을 입을 때에는 사망을 삼키고 이기리라고 기록된 말씀이 이루어지리라 사망아 너의 승리가 어디 있느냐 사망아 네가 쏘는 것이 어디 있느냐 사망이 쏘는 것은 죄요 죄의 권능은 율법이라 우리 주 예수 그리스도로 말미암아 우리에게 승리를 주시는 하나님께 감사하노니
그러므로 내 사랑하는 형제들아 견실하며 흔들리지 말고 항상 주의 일에 더욱 힘쓰는 자들이 되라 이는 너희 수고가 주 안에서 헛되지 않은 줄 앎이라"(고전 15:54-58).

그리고 고린도 교회에 보내는 두 번째 편지에서 바울은 다시 이렇게 표현한다.

"그러므로 우리가 낙심하지 아니하노니 우리의 겉사람은 낡아지나 우리의 속사람은 날로 새로워지도다 우리가 잠시 받는 환난의 경한 것이 지극히 크고 영원한 영광의 중한 것을 우리에게 이루게 함이니
우리가 주목하는 것은 보이는 것이 아니요 보이지 않는 것이니 보이는 것은 잠깐이요 보이지 않는 것은 영원함이라
만일 땅에 있는 우리의 장막 집이 무너지면 하나님께서 지으신 집 곧 손으로 지은 것이 아니요 하늘에 있는 영원한 집이 우리에게 있는 줄 아느니라"(고후 4:16-5:1).

성경의 마지막도 승리의 언어들로 장식된다. 고난과 핍박 속에서 유혹을 받던 그리스도인들에게 쓴 요한계시록은 하나님의 최종적인 승리에 대한 그림을 이렇게 그려 낸다.

"또 내가 새 하늘과 새 땅을 보니 처음 하늘과 처음 땅이 없어졌고 바다도 다시 있지 않더라 또 내가 보매 거룩한 성 새 예루살렘이 하나님께로부터 하늘에서 내려오니 그 준비한 것이

신부가 남편을 위하여 단장한 것 같더라

내가 들으니 보좌에서 큰 음성이 나서 이르되 보라 하나님의 장막이 사람들과 함께 있으매 하나님이 그들과 함께 계시리니 그들은 하나님의 백성이 되고 하나님은 친히 그들과 함께 계셔서 모든 눈물을 그 눈에서 닦아 주시니 다시는 사망이 없고 애통하는 것이나 곡하는 것이나 아픈 것이 다시 있지 아니하리니 처음 것들이 다 지나갔음이러라

보좌에 앉으신 이가 이르시되 보라 내가 만물을 새롭게 하노라 하시고 또 이르시되 이 말은 신실하고 참되니 기록하라 하시고"(계 21:1-5).

사도 베드로는 우리가 삶을 살면서 가져야 하는 정신을 '산 소망'(벧전 1:3)이라고 설명한다. 그 소망이 모든 것을 변화시킨다.

제롬 그루프먼 박사(Jerome Groopman)는 하버드 대학의 의학과 교수이다. 그는 자신의 책 『희망의 힘』(*The Anatomy of Hope*)에서 "희망은 우리에게 상황에 맞서서 그것들을 넘어서 보겠다는 용기와 능력을 준다. 환자들이 소망, 즉 진정한 소망을 품는 것이 내가 처방했던 그 모든 의약품과 내가 행했던 모든 의료 시술만큼이나 중요한 것으로 증명되었다." 이것

은 정확히 성경이 우리에게 전하는 메시지이다. 성경이 말하는 소망은 우리가 암에 걸리지 않는다거나 곧바로 좋은 직장을 얻는다는 것이 아니다. 또 악이 당분간은 활기치지 못할 것이라는 소망도 아니다. 그것은 하나님은 언제나 늘 우리와 함께하신다는 소망이며, 하나님은 우리를 통해 다른 사람을 도우시며, 다른 사람을 통해 우리를 도우시기 위해 일하신다는 소망이다. 하나님은 우리의 고난을 회복시키시고, 악을 굴복시켜 선을 이루도록 하신다는 소망이다. 그리고 궁극적으로는 하나님의 뜻이 결국에는 승리를 거두는 새로운 예루살렘으로 변화하는 그날이 온다는 소망이다.

하늘의 소망이 우리를 견디게 한다

수년 전 우리 교회의 어린 자매 한 명이 제대로 진단을 받지 못한 채 라임병(병균을 보유하고 있는 사슴 또는 쥐를 문 진드기가 사람을 물어서 보렐리아병균을 옮기는 병-역주)이 가져온 합병증으로 사망했다. 그녀의 장례를 준비하는데 그녀의 어머니가 내게 이런 말을 전해줬다. 딸이 자신의 거울에 립스틱으로 시편 118편 14절을 적어 두었다는 것이다. "여호와는 나의 능력과 찬송이시오"(시 118:14). 이것이 죽어 가는 딸의 산 소망이었다. 하나님 안에서 소녀가 품은 소망은 그녀를 지탱하게 했으며, 그 부활의 소망은 그녀의 부모 역시 붙들어 주었다.

소녀의 어머니는 남편과 조그마한 서랍장을 하나 사서 그 안에 딸이 아꼈던 물건들을 넣어 자신들의 침대 가까이에 두었다고 말했다. 서랍장은 조금 다른 의미의 소망을 품은 '소망의 서랍장'이 된 셈이다. 언젠가는 딸을 다시 만날 수 있을 것이라는 소망을 그 서랍장이 상기시켜 줄 것이니까.

"부활은 최악의 일이 결코 최후가 아니라는 의미이다."
(프레데릭 뷰크너, Frederick Buechner)
"부활절 찬송가는 사망을 웃어넘기고, 지옥을 조롱하고, 이 세상의 신들을 가소롭게 여김으로써 생명이 승리하였음을 기념하였다." (신학자 위르겐 몰트만, Jurgen Moltmann)

내가 부활의 언어로 자주 사용하는 이 두 명언은 부활의 소망을 잘 담고 있는 말이란 생각이 든다.

해마다 나는 부활절 설교를 마치면서 꼭 하는 질문과 반드시 갖는 절차가 있다. 20년이 지나니 교인들도 이제는 당연시 여긴다. 그것은 바로 "당신은 부활에 관한 이야기를 정말 믿고 있는가?"라는 질문에 본인이 답하도록 하는 것이다. 그러면 당연시 여기는 교인들 사이에서도 매해 누군가는 나에게 꼭 질문한다.

"목사님은 부활의 이야기를 진짜 믿나요? 정말로 부활절은 최악의 일이 최후가 되지 않음을 의미하는 건가요? 결국 선이 악에 승리를 거두고, 하나님의 계획이 종국에는 실현될 것이라는 것을 목사님은 진심으로 믿으시나요?"

그러면 나는 변함없이 이렇게 답한다.

"저는 부활을 믿는 것에 나아가 부활을 확신하고 있습니다."

그렇다면 이제 바꾸어 내가 당신에게 묻겠다.

당신은 부활에 관한 이야기를 정말 믿고 있는가? 당신은 정말로 부활절은 최악의 일이 최후가 되지 않음을 의미한다고 고백하는가? 그래서 결국에는 선이 악에 승리를 거두고, 하나님의 계획이 종국에는 실현될 것이라고 진심으로 믿는가?

진심으로 소망하건데, 여러분에게도 이 부활의 확신이 늘 함께하기를, 그래서 고난 중에도 함께하시는 하나님을 신뢰하기를, 또 하나님과 함께 쓰는 여러분의 이야기에 늘 의의 열매가 맺히기를 축복하고 기도한다.

하나님의 뜻을 헤아리는 믿음

옮긴이의 말 }

  무종교가 종교인 시대라고 한다. 그런데 기독교에 무관심한, 심지어 적대적인 사람 중에도 상당수가 성경의 유명한 구절 몇 줄 정도는 외운다. 심지어 그들은 예수님에 대해서도 알고 있다. 그래도 하나님을 믿지 않는 사람들이 많다. 그들에게 나의 믿음을 어떻게 소개할 것인가? 그리고 과연 우리는 인생이 내게 질문을 던져올 때 나 자신에게 답할 준비가 되어 있는 걸까?

  기독교가 지식으로 알려져 있는 만큼 성공적으로 전파되고 있지 않는 것 같아 두렵다. 믿지 않는 이들에게 기독교는 앞뒤가 맞지 않는 주장일 뿐인 듯이 보인다. 단편적 지식을 가진 것과 믿는 것은 전혀 다른 이야기이다. 그렇다면 믿음을 가지고 있다고 생각하는 교인들은 어떠한가? 그들은 인생의 문제들이 던져주는 질문에 그리스도인다운 답을 할 수 있을까? 생각지 못한 곤경에 처했을 때, 인생이 예상치 못한 늪에 빠졌을 때, 가까운 이들이 깊은 고난으로 몸부림칠 때, 성실하게 신앙생활을 하는 사람이 열심히 기도해도 직장을 구하지 못할 때, 국가적인 재난이 발생하여 무고한 사람들이 그 피해를 입을 때 하나님이 어디 계시냐는 질문에 당신은 어떻게 답하겠는가?

  이 책의 저자 아담 해밀턴 목사는 기독교 교리의 중요한 지점들을 짚어간다. 굳이 따지면 기독교 변증론에 속할 이 책이 다루는 내용은 그 분량에 비해 만만히 볼 것들이 아니다. 사랑이 많으신 하나님이 왜 인간의 고난을 허락하시는가? 예수님은 구하는 것은 다 받을 것이라고 하셨는데 기도가 응답되지 않는 이유는 무엇인가? 하나님은 내 인생의 계획을 이미 다 만들어 놓으셨는가? 이러한 질문들은 실은 2,000년 신학의 역사에서 되풀이 되고 있던 질문이며 또한 많은 신학자들이 여러 가지 답변을 하고 있던 내용들이다. 그러나 신학을 공부하지 않은 평신도들에게 그러한 신학자의 이론을 다 공부하라는 것은 지나친 요구이며, 사실 그러할 필요도 없을 것이다. 저자는 의문을 품고 있으나 실제로 질문하지 못했던 문제들 그리고 믿음을 강조하다 보니 지나치게 단순화되어 오해를 하게 만들었던 신앙에 대한 잘못된 개념을 하나씩 친절히 설명한다.

나는 대학 4학년이 되어서야 친구의 전도를 받고 교회를 나가기 시작했다. 그때만 해도 내게 기독교는 참으로 이해할 수 없는 종교였다. 매주 교회에서 설교를 들었지만 단편적인 내용만으로는 졸음 유발 이상은 되지 못했다. 당시 나가던 교회의 목사님은 구원을 당연시 여기는 은혜로운 설교를 하셨지만 내가 회의하는 지점에 대해서는 속 시원한 설명을 주지 않았다. 세월이 흐르면서 성경도 읽고 좋은 목사님들을 만나 성경공부도 하고 기독교

서적도 많이 읽었다. 번역자로서 가장 큰 혜택을 입은 사람은 다름 아닌 번역자 자신이라고 말할 만큼 책에서 얻는 도움이 컸다.

이 책은 그간 알고 있던 하나님에 대한 내 산만한 생각을 훌륭하게 정리해 주었다. 무엇보다 하나님 사랑의 은혜에 잠길 수 있었던 것은 하나님이 주신 이성을 사용하여 기독교의 특수 용어가 아닌 일상어로 내 신앙을 설명하는 데에 크게 도움이 되었기 때문이다. 이해 가능한 언어로 눈에 보이지 않는 하나님을 설명하는 저자의 글에서 하나님의 사랑을 전하는 찬찬한 목소리와 눈빛이 느껴진다. 장담컨대, 막연했던 믿음의 문제들이 정리되고 설명될 때 크신 하나님이 더 크게 느껴지는 놀라운 경험이 여러분에게도 있었을 것이라 믿는다.

옮긴이 임신희

WHY 하나님의 뜻을 헤아리는 믿음

초판발행 2019년 5월 20일
3쇄발행 2020년 12월 15일
지은이 아담 해밀턴
옮긴이 임신희
펴낸이 채형욱
펴낸곳 한국장로교출판사
주　　소 03129 / 서울시 종로구 대학로 19, 409호(연지동, 한국기독교회관)
전　　화 (02) 741 - 4381 / 팩스 741 - 7886
영업국 (031) 944-4340 / 팩스 944 - 2623
등　　록 No. 1-84(1951. 8. 3.)
ISBN 978 - 89 - 398 - 4349 - 3 / Printed in Korea

편집장 정현선
교정·교열 원지현, 이우진　　**표지·본문디자인** 최종혜
업무부장 박호애　　**영업부장** 박창원
값 8,000원

＊ 이 출판물은 저작권법에 의해 보호를 받는 저작물이므로 무단전재와 무단복제를 할 수 없습니다.